本书出版获得如下项目资助：
中南财经政法大学国家级一流专业建设（经济统计学）项目（项目编号：31412011204）
中南财经政法大学统计学科"双一流"监测指标提升项目（项目编号：31712011201）
中南财经政法大学经济统计学产学融合培养模式与实践项目（项目编号：21123541830）
中南财经政法大学中央高校基本科研业务费专项资金资助项目（项目编号：2722020JCT031）

湖北省民营经济发展调研报告

2018

张虎　肖磊　编著

WUHAN UNIVERSITY PRESS
武汉大学出版社

图书在版编目（CIP）数据

湖北省民营经济发展调研报告.2018/张虎,肖磊编著.—武汉：武汉大学出版社,2020.12

ISBN 978-7-307-21820-8

Ⅰ.湖… Ⅱ.①张… ②肖… Ⅲ.民营经济—经济发展—调查研究—研究报告—湖北—2018 Ⅳ.F127.63

中国版本图书馆 CIP 数据核字（2020）第 193666 号

责任编辑：朱凌云 责任校对：李孟潇 版式设计：韩闻锦

出版发行：**武汉大学出版社** （430072 武昌 珞珈山）

（电子邮箱：cbs22@whu.edu.cn 网址：www.wdp.com.cn）

印刷：武汉邮科印务有限公司

开本：720×1000 1/16 印张：13.75 字数：202 千字 插页：1

版次：2020 年 12 月第 1 版 2020 年 12 月第 1 次印刷

ISBN 978-7-307-21820-8 定价：50.00 元

前　言

　　十九大报告指出，"要支持民营企业发展，激发各类市场主体活力"。习近平总书记高度重视民营企业发展，自 2018 年下半年以来连续发声力挺民营经济，为新时代民营经济发展注入了强大信心和动力。近年来，在省委省政府一系列促进民营经济发展的政策文件的指引下，湖北省民营经济继续保持了稳中向好、稳中有进的发展势头，创造了全省五成的 GDP、近六成的税收、七成的社会投资和八成以上的新增就业岗位，已经成为全省经济发展中最富活力、最具潜力、最有创造力的力量，是全省经济发展的"压舱石"。但受国内外复杂严峻形势影响，民营经济发展也出现了一些新情况、新问题，迫切需要及时跟踪研判民营企业运行态势，为政府和企业决策提供依据。

　　为了充分了解掌握湖北省民营经济发展状况，提出促进民营经济发展的对策建议，我们在深入调研的基础上，按季度编制和发布民营经济景气指数和企业家信心指数，对湖北省百强企业运行状况、社会责任、防范化解风险、营商环境等方面进行专项调研分析，以此形成了湖北省民营经济年度发展总报告。概括来讲，本书共分为六个部分，第一部分是湖北省民营经济发展总报告。第二部分是湖北省民营经济景气指数季度监测分析报告。第三部分是湖北省民营企业百强发展调研报告。第四部分是湖北省民营企业社会责任发展调研报告。第五部分是湖北省民营企业防范化解风险调研报告。第六部分是湖北省营商环境调研报告。

　　本书在编写过程中，得到了湖北省工商联的大力支持。书中调查数据来源于课题组在湖北工商联民营企业调查系统发放和回收的调查问卷，其中民营经济景气指数调查每季度发放和回收问卷 1000 份左右，民营企业社会责任调查发放和回收问卷 749 份，营商环境调查发放和回收问卷 800 份。课题组赴武汉、襄阳、随州、仙桃四地访谈了 70 多家企业，积累了相关民营企业发展的数据资料。

本书由中南财经政法大学张虎教授、肖磊副教授共同执笔完成，肖磊副教授对书稿进行了全面修改，张虎教授对书稿做了最终审定。本书阶段性研究成果获得多位省部级领导批示和多家新闻媒体转载报道。中南财经政法大学统计与数学学院朱喜安、徐映梅、李占风、孟祥兰、张海波、杨青龙、赵目、韩爱华等老师参与了实地调研，并给本书编撰提出了宝贵建议，在此表示衷心感谢。当然，由于水平有限，书中难免存在缺点和错误，欢迎同行专家予以批评指正。

目　录

第一篇
湖北省民营经济发展总报告

　　2018 年，世界经济形势复杂多变，贸易保护主义抬头，中美经贸摩擦不断升级，国内宏观经济下行压力不断增大。面对困难和挑战，湖北省委省政府坚持以习近平新时代中国特色社会主义思想为指引，深入贯彻落实习近平总书记视察湖北重要讲话精神，积极适应和把握经济新常态，深化供给侧结构性改革，着力推动民营经济高质量发展，全省民营经济保持"总体平稳，稳中向好"的发展势头，成为社会投资的主心骨、税收收入的主来源、吸纳就业的主力军，为经济社会发展作出了重要贡献。

一、湖北省民营经济发展特点

（一）民营经济对国民经济贡献不断增强

　　2018 年 1—6 月，湖北省民营经济增加值 9919.95 亿元，占 GDP 比重55.2%，比上年同期提高 0.1 个百分点，按不变价计算同比增长 9.5%，对经济增长贡献率 62.5%，对税收贡献率 58.6%。2018 年，全省 GDP 增长 7.8%，民营经济占比将达到 55.5%。具体数据见表 1.1。

（二）民营经济运行保持在稳定区间

　　从 2017 年一季度到 2018 年四季度，湖北省民营经济景气指数分别为

54.5%、54.2%、54.6%、54.5%、54.4%、53.5%、52.7%、52.9%，连续 8
个季度都处于 50% 以上的扩张区间，表明湖北民营经济总体运行平稳健康。具
体走势见图 1.1。

表 1.1　　　　　**2013 年以来湖北省民营经济增加值占 GDP 的比重**

年　份	GDP（亿元）	增速（%）	民营经济增加值（亿元）	增速（%）	民营经济增加值占 GDP 比重（%）
2013 年	24668.49	10.1	13321.71	12.2	54.0
2014 年	27379.22	9.7	14905.74	11.1	54.4
2015 年	29550.19	8.9	16228.96	9.8	54.9
2016 年	32297.91	8.1	17801.65	8.9	55.1
2017 年	36522.95	7.8	20081.65	8.8	55.0
2018 年 1—6 月	17958.17	7.8	9919.95	9.5	55.2

注：增速为可比价。2017 年 GDP、民营经济增加值含研发支出纳入部分。

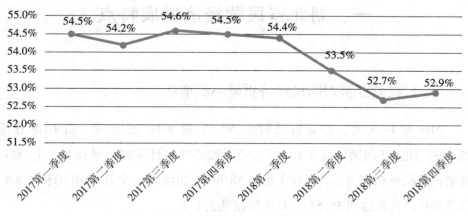

图 1.1　湖北省民营经济景气指数走势图

（三）质量效益稳步提升

随着供给侧结构性改革的深入推进，湖北民营经济发展新旧动能加快转化，质量型特征增长明显，实体经济成本有所下降。前三季度，湖北规上工业企业每百元主营收入中成本 84.57 元，对比上年同期的 86.17 元，下降了 1.6 元。龙头企业支撑效应明显。湖北 15 家民营企业入围"2018 中国民营企业 500 强"，入围企业数量位居全国第八（与北京市、河南省并列），与河南省并列中部第一（其他中部省份入榜企业数量：河南 15 家，湖南 7 家，江西 6 家，山西 5 家，安徽 4 家）。此外，入围中国民营制造业 500 强有 13 家、民营服务业 100 强有 4 家。企业整体规模实力显著增强。湖北省 2018 年民营企业 100 强营业收入总额 9785.43 亿元，同比增长 22.9%，增速比上年提高 7.2 个百分点；资产总额 7926.95 亿元，同比增长 18.1%；百强企业净资产收益率 18.0%，同比增长 60.7%；人均营业收入 207.71 万元，同比增长 17.2%。

（四）经济活力不断凸显

随着商事制度改革持续推进，湖北营商环境不断优化，市场主体活力不断被激发，各类市场主体呈现高速度、高质量增长，创业主体日益壮大。2018 年 1—11 月，湖北新登记私营企业 19.89 万户，同比增长 11.9%，私营企业总数达到 105.57 万户，较上年末增长 15.9%，注册资本金总额 57745.82 亿元，较上年末增长 25.8%；新登记个体工商户 56.67 万户，同比下降 0.8%，个体工商户总数达到 363.47 万户，较上年末增长 8.3%，注册资本金总额 3474.49 亿元，较上年末增长 18.5%。具体数据见表 1.2。民营企业创新实力增强。截至 2018 年 6 月，民营企业发明专利达到 19201 件，占企业发明专利数 73.2%。创新型企业不断涌现。斗鱼直播、安翰光电、卷皮网、斑马快跑、直播优选等 5 家企业荣登"2018 中国独角兽企业榜"；斗鱼直播、盛天网络荣登 2018 年全国互联网百强企业榜；鼎龙控股、华工激光荣登 2018 年国家技术创新示范企业榜。

表 1.2　　　　　　**2013 年以来湖北省个体私营经济发展情况一览表**

单位：万户、亿元、%

分类 年份	私营企业				个体工商户			
	户数	同比 增长	注册 资本	同比 增长	户数	同比 增长	资产 总额	同比 增长
2013	46.25	33.3	11632.27	31.4	268.49	33.3	1497.24	45.4
2014	58.3	27.6	16629.69	42.96	320.79	19.5	1915.17	27.91
2015	70.4	20.8	25974.6	56.2	319.4	-0.4	2280.7	19.1
2016	81.2	15.3	38286.1	47.4	304.9	-4.6	2380.2	4.4
2017	92.47	13.9	47777.01	24.8	335.21	10.0	2940.09	23.5
2018 年 1—11 月	105.57	15.9	57745.82	25.8	363.47	8.3	3474.49	18.5

（五）民间投资增长稳定

2018 年前三季度，全省民间投资保持了 11.7% 的较高增速，与上半年持平，较一季度提高 0.1 个百分点，高于全省固定资产投资增速 0.8 个百分点。全省民间投资增速自一季度以来始终高于全省投资增速，民间投资占全省固定资产投资的比例连续 7 个月持续回升，达到 61.9%。全省工业投资同比增长 15%，较上半年和一季度分别提高 0.3、1.9 个百分点，连续 3 个月保持 15% 以上的高速增长。高新技术制造业投资、工业技改投资分别同比增长 40.8%、25.0%，投资的"含金量"进一步提升。民营经济景气指数显示，2018 年一至四季度的民营企业投资指数分别为 59.9%、57.9%、58.6%、58.3%，均在荣枯线（50%）以上扩张区间运行。

（六）外贸形势明显向好

2018 年 1—11 月，湖北省民营企业进出口规模和增速均显著高于其他类型企业,继续保持第一大进出口主体地位。全省民营企业进出口总值1655.3亿元,占比51.6%,同比增长15%,增速高于全省平均水平2.1个百分点。同期,湖北省外商投资企业进出口总值826.2亿元,增长11.5%,占25.8%;国有企业进出口总值722.8亿元,增长9.7%,占22.6%。民营企业走出去步伐加快,规上民营企业调查数据显示,民营企业百强走出去企业有39家,同比增长34.5%;参与海外投资的企业有12家,同比增长20.0%;民营企业百强出口总额为13.15亿美元,同比增长36.3%。

(七) 运行风险总体可控

湖北民营企业以中小企业为主,长期以来存在融资难、融资贵等问题,企业整体资产负债率不高,民营企业运行风险总体可控,债务违约严重、资金链断裂企业并不多见。从规上民营工业企业来看,随着湖北去杠杆政策措施深入实施,制造业去杠杆成效明显。2018年上半年,全省规模以上工业资产合计37081.9亿元,同比增长7.3%;负债合计19363.3亿元,同比增长4.8%;资产负债率52.2%,同比下降1.2个百分点,低于全国4.4个百分点。从民营上市公司看,根据Wind软件数据统计,截至2018年3月底,剔除银行、非银金融、中石化、中石油等企业,A股3424家上市公司整体负债率为61%,而湖北在A股上市的企业总体负债率为63.39%。其中湖北民营上市企业负债率为62.7%,低于湖北上市企业总负债率,也低于70%警戒线。

(八) 社会贡献持续加大

1. 民营经济成为解决就业的主要载体

近年来,在整体经济呈下行走势及产业结构调整的大背景下,就业形势更加复杂、严峻。湖北民营经济以其较强的吸纳就业能力,成为就业主战场,有效缓解了社会就业压力,为稳定就业、保障民生做出了重要贡献。2017年,全省私营企业、个体工商户从业人员较上年增长了128.02万,增长幅度达8.2%,民营经济就业人员占全省城镇就业总量的81.2%。具体数据见表1.3。

表 1.3　**2013 年以来湖北省私营企业、个体工商户从业人员情况一览表**

单位：万人，%

年　份	总　数	私营企业从业人员	增长率	个体工商户从业人员	增长率
2013	1156.08	409.53	20.92	746.55	30.32
2014	1444.22	498.16	21.7	946.06	26.7
2015	1529.66	569.75	14.4	959.91	1.5
2016	1565.2	620.8	9.0	944.4	-1.6
2017	1693.22	707.77	14.02	985.45	4.34

2. 民营企业积极参与脱贫攻坚

湖北省广大民营企业踊跃参与"千企帮千村，脱贫奔小康"精准扶贫精准脱贫行动，取得了良好成效。截至 2018 年 12 月，全省有 5373 家民营企业结对帮扶 5335 个贫困村（建档立卡贫困村 3179 个，有贫困户的贫困村 2156个），帮扶辐射 68 万贫困人口。其中，产业帮扶投资 50.5 亿元，公益捐赠2.77 亿元，吸纳就业 7.78 万人，技能培训 7.62 万人。8 月 14 日，湖北省委统战部、省工商联、省扶贫办、省光彩会共同召开光彩事业恩施行暨全省"千企帮千村"精准扶贫推进会，现场签约项目 14 个，意向投资 166.9 亿元；村企结对帮扶签约项目 17 个，达成公益捐赠资金意向 682 万元，物资价值 544万元，产业帮扶资金 8056 万元。中国光彩会、湖北省光彩会、爱心企业和部分省外湖北商会为活动捐赠款物价值共计 1799.655 万元。2018 年 10 月 16 日，全国"万企帮万村"精准扶贫行动先进民营企业表彰大会在京举行，授予 100家民营企业"全国'万企帮万村'先进民营企业"荣誉称号，其中湖北省有 7家企业上榜，分别是：卓尔控股、十堰金方贸易、沛函建设、燕儿谷、襄阳博亚精工、骆驼集团、湖北大明汽车。

3. 楚商影响力显著增强

2018 年 11 月 2 日至 4 日，1200 名楚商精英汇聚海南博鳌，成功举办 2018

楚商（博鳌）年会、全国湖北商会会长会议暨"亲清"政商座谈会，发布了《楚商宣言》《楚商商会发展白皮书》，形成了《楚商博鳌共识》，楚商力量空前团结，楚商商帮崛起向前迈进了重要一步。茅永红、郑举选2位楚商荣登"100名改革开放杰出贡献个人"红榜。吴少勋、茅永红、黄立、阎志、陈东升、雷军、尼玛扎西等7位楚商入选"改革开放40年百名杰出民营企业家"。

二、湖北省民营经济发展存在的问题

（一）整体发展水平仍然不强

1. 湖北省民营企业整体实力与东部发达省份相比，差距较大

从上榜全国2018民企500强企业情况来看，浙江、江苏、山东、广东的入围数量分别达到93家、86家、73家、60家，湖北共入围15家，数量较上年减少4家，排名下滑2位。从上榜企业的户均营业收入和户均资产额来看，湖北分别是345.3亿元和282.3亿元，而全国平均水平是489.59亿元和563.86亿元，分别只有全国平均水平的70.5%和50.1%。浙江、江苏、山东、广东在上述指标上均优于湖北，尤其是广东，其户均营业收入和户均资产额分别是湖北的2.02倍和4.49倍。

2. 区域发展不平衡

湖北15家上榜全国2018民营企业500强的企业中来自武汉市的有10家，湖北2018民营企业100强中来自武汉市的有58家，呈现出武汉市一家独大的局面，县域普遍较为薄弱。

3. 缺乏龙头企业

全国民营企业500强榜单显示，2017年有42家民营企业的营业收入超过1000亿元，较上年增加了15家。遗憾的是湖北至今无1家企业营业收入过1000亿元，也没有1家企业进入全国民营企业前50强，湖北上榜的15家企业

湖北省民营经济发展调研报告 **2018**

总营业收入 5179.6 亿元，比华为一家企业的营业收入（6036 亿元）还少856.4 亿元。由于缺少"航母级"的龙头企业，湖北民营企业发展难以形成产业链（群）规模效应，无法有效带动上下游相关产业共赢发展。

（二）自主创新不足

1. 创新主体相对缺乏

从整体上看，湖北民营企业大部分处于国际国内产业分工下游，生产水平技术含量较低，与发达国家和先进地区相比还存在不少差距，高新技术产业发展水平和创新创业服务能力偏弱。当前，湖北民营高新技术企业数量有 5000家左右，虽位居中部首位，但仅相当于广东的 1/6，北京的 1/4。广东、山东、江苏、北京，4 省市分别拥有国家级众创空间 235、230、170、168 家，而湖北仅有 62 家。

2. 企业创新意愿不强

大多数湖北民营企业创新意识薄弱，部分企业即使有创新的想法和意愿，但受制于资金、规模、人才、技术等因素，面临创新投入大、回报周期长、失败率高等风险。因此多数企业对于转型升级和技术创新，仍持观望态度。随着"互联网+"的迅猛发展，新的商业模式对传统民营企业的生存发展带来颠覆性挑战，很多企业处于不敢转型、不愿转型、不会转型，陷于"转型找死，不转型等死"的焦虑状态。民营经济景气指数显示，82.8%的民营企业认为目前市场同质化竞争严重。企业创新不足，同质化竞争严重，大大降低了湖北民营企业核心竞争力。

3. 创新投入不足

以连续三年位居全国民营企业 500 强榜首的华为为例，其 2017 年研发强度达到 14.86%，研发费用高达 896.9 亿元，其在研发上的花费甚至比湖北排名第一的九州通的营业收入（739.4 亿元）还多 157.5 亿元。如此巨大的研发投入换来的是大量的发明专利（3.58 万件，是排名第二美的的 7 倍），以及由此而来的可观效益（2017 年华为缴纳税收 710 亿元，净利润 474 亿元，均位于全国民营企业之首）。2017 年，湖北省规模以上私营工业企业中有研发活动的企业仅占 35%，研发经费支出共 68.33 亿元，研发经费投入强度仅为 0.70%。同期，江苏省规模以上私营工业企业中有研发活动的企业占 40.1%，研发经费支出共 645.64 亿元，研发经费投入强度为 0.99%。研发投入的不足直接影响企业难以发展出自身的核心技术和自主知识产权，长期处于产业链、价值链的中低端。

（三）"老大难"问题依然凸显

1. 融资难、融资贵问题依然严峻

一是民营企业抵押物范围窄、折算率低。抵押物主要局限于房产、土地等保值率较高的小范围资产，且资产折算率多在 5 折左右，贷款授信额度较小。二是企业信用体系建设滞后，内容不完善。部分地方没有建立完整的企业信用体系，人行的征信系统仅反映发生过贷款的企业信息，未办理过贷款的民营企业无法提供信用记录；另外，人行的征信系统基础信息不足，企业贷款时仍需自行寻找或指定评级机构重新进行信用评级。三是信用环境收紧，民企贷款愈发困难。2018 年 4 月"资管新规"出台后，货币供给增速和表外融资余额均显著回落，金融机构对民营企业投放的态度更加谨慎，信用环境收紧。大多数中小民营企业表示找银行贷款较难获批，即使获批也存在审查时间长、程序复杂、手续费用高等问题。湖北省工商联三季度的民营企业抽样调查显示，有 34.2% 的企业表示本期流动资金短缺，有 90.4% 的企业认为当前融资不易，其中认为融资非常困难的占 8.9%。根据人行武汉分行调查数据，2018 年二季度小微企业贷款满意度指数为 42.27%，同比回落 3.65 个百分点。

2. 民营企业招工难、用工贵

根据湖北省工商联 2018 年 6 月的问卷调查，56.8% 的企业人工成本同比 2017 年不同程度上升，46.5% 的企业存在劳动力短缺，19.1% 的企业因缺乏生活配套设施影响招工引才。目前，湖北省城镇职工基础养老缴费比例为 19%，而沿海发达地区如东莞、深圳只有 14% 和 10%；缴费社平工资基数由 2015 年

的 3031.2 元上调至 2017 年的 3430 元，涨幅达 13.2%。2019 年 1 月社保改由税务部门征收的政策，会给不少民营企业带来较大压力。

3. 企业依然面临较高成本压力

湖北企业用电成本在中部地区较高，一般工商业各电压等次目录电价仅低于湖南，高于江西、安徽、河南。不满 1 千伏每千瓦时湖北为 0.8251 元、湖南为 0.828 元，而江西为 0.7461 元、安徽为 0.7303 元、河南为 0.7455 元；1—10 千伏每千瓦时湖北为 0.8051 元、湖南为 0.808 元，而江西为 0.7311 元、安徽为 0.7153 元、河南为 0.7115 元。物流成本相对较高。湖北社会物流总费用占 GDP 比重多年来在 17% 以上，高于国内发达省份 15% 左右水平。公路运输占湖北货运物流超七成，成本较低的铁路、水路运输占比只有 20% 左右，外省载货汽车收费标准基本在 0.09 元/公里，湖北平均超过 0.11 元/公里。多式联运发展不足，湖北 17 个港口中仅有 6 个港口和铁路初步对接。中部交通枢纽的地理位置没有转换为物流成本优势。

（四）营商环境仍需优化

近年来，湖北上下全面落实党中央、国务院关于优化营商环境的决策部署，加快打造法治化、国际化、便利化的一流营商环境。省工商联抽样调查数据显示，2018 年一至四季度政府支持民营企业的满意度指数分别是 57.5%、58.4%、65.1%、65.8%，均在荣枯线水平（50%）以上。湖北营商环境总体上在不断优化，但与发达省份还有较大差距，在某些领域仍有较大改善空间。国务院营商环境大督查通报显示，获得信贷、开办企业、工程建设项目报建等指标，湖北都排在全国 20 位以后。全国工商联内部研究报告显示，湖北省营商环境总体排名居全国第 10 位、中部第 3 位，虽然该排名与湖北经济发展水平基本相符，但与广大民营企业家的期盼仍有较大差距。专项排名中，湖北要素环境全国第 10 位（中部第 4 位）、政务环境全国第 11 位（中部第 3 位）、市场环境全国第 11 位（中部第 2 位）、创新环境全国第 8 位（中部第 2 位），均高于全国平均。但湖北法治环境全国第 22 位（中部第 4 位），社会环境全国第 23 位（中部倒数第 1）。具体表现在：

1. 市场准入存在不公平

近年来，中央、湖北省委出台了系列支持民营经济发展的政策，但一些政策落实不够。"三山三门"现象依然存在，在用电、用水、用气等垄断领域均不同程度存在隐性障碍。一些部门在投资核准、财税政策、土地使用等方面，对民营企业不能一视同仁，民营企业遭遇不少体制性和政策性障碍，在规模上"重大轻小"，在身份上"喜公怕私"，在地域上"先外后内"。一些中介机构与审批部门利益瓜葛较深，收费太高，改革涉及特定利益群体，推进阻力较大。

2. 企业维权成本过高

湖北省工商联问卷调查显示，湖北 25.8% 的企业认为维权成本较高，26.1% 的企业认为维权达不到预期效果，16.3% 的企业认为行政执法部门市场监管不严，19.8% 的企业认为判决执行效率低或执行困难。数据显示，2016 年，湖北知识产权案件增长率达到 47.34%，增长速度居全国第 3 位，湖北知识产权案件结案率为 83.04%，结案率位居全国第 22 位。同比，浙江省的知识产权累计案件数量和新增案件数量分别是湖北的 3.47 倍和 4.14 倍，但仍以 98.02% 的结案率位居全国第一。在当前知识产权侵权频发的情况下，湖北司法效率有待提高。在行政执法上，个别部门自由裁量权较大，随意罚款的现象仍有发生。民企期盼全面推行"双随机一公开"，做到无事不扰、有求必应。

3. 尊商亲商的整体氛围不浓

一些部门工作人员潜意识认为，与国企打交道正大光明，与民企交往怕说不清、惹麻烦。少数干部不作为不敢为不会为，存在"为了不出事，宁可不做事"和"多做多错不如不做"的心态。很多好政策并不为民营企业所知，导致政策效力难以充分发挥，企业获得感不强。对优秀企业家精神表彰和正面宣传不够，在"湖北工匠"、劳动模范、"五四青年"和"三八红旗手"等评选中，民营企业职工和民营企业家所占比例相对较少。

4. 社会治安有待优化

一些民营企业反映，企业周边治安环境总体是好的，但社会闲散人员扯皮闹事，强买强卖现象仍未杜绝，许多问题虽然够不上犯罪，但上不了法院，极大影响企业正常经营活动，企业时间、精力又耗不起，只能选择忍气吞声，息事宁人。

三、湖北省民营经济发展面临的挑战与机遇

新时代、新使命、新征程。当前民营企业在发展中遇到了一些困难和问题，被形容为"市场的冰山""融资的高山""转型的火山"。习近平总书记在2018年11月1日的重要讲话中指出，当前民营企业遇到的困难和问题，是发展中的困难、前进中的问题、成长中的烦恼，一定能在发展中得到解决。湖北民营经济正处于爬坡过坎的关键时期，也正在迈向高质量发展的新阶段，挑战与机遇并存，压力与动力同在。

（一）面临的挑战

1. 世界经济形势复杂严峻，不确定性因素增多

全球经济复苏进程中风险积聚，保护主义、单边主义明显抬头，中美经贸摩擦不断升级。美联储加息缩表预期升温，国际资本避险需求上升、回流美国的概率加大，在量化宽松周期结束、货币政策收紧背景下，资产去泡沫化将成为全球大趋势，给我国经济和市场预期带来诸多不利影响。

2. 新常态下的中国经济负重前行，经济运行压力不断加大

根据党的十九大报告要求，今后3年要重点抓好决胜全面建成小康社会的防范化解重大风险、精准脱贫、污染防治三大攻坚战，而打好防范化解重大风险攻坚战的重点是防控金融风险。为此，央行实施了稳健中性的货币政策，M2增速持续放缓，相关部门和地方政府出台了一系列防控金融风险、淘汰落

后产能、促进实体经济发展的政策措施，金融监管趋紧趋严。特别是在 2018 年 4 月"资管新规"正式实施后，市场流动性更显紧张。央行下调法定存款准备金率后，实体经济资金过度紧张的局面得到一定程度缓解，但中央防控金融风险的决心并未改变。在资产去泡沫和淘汰落后产能过程中，阵痛已逐步显现，上市公司股票质押爆仓、债券违约等"灰犀牛"事件频发，企业"借新债还旧债"难以为继，"两高一剩"行业面临污染防治减产限产的巨大压力，生产经营不善、前期举债过大、风险防控不力企业甚至面临"市场出清、大浪淘沙"的生死选择。

3. 政策落实不到位，执行力度不够，"玻璃门""弹簧门""旋转门"等制度障碍尚未完全破除

近年来，从中央到地方出台了不少促进民营经济发展的政策措施，但有些政策措施落实不到位，执行力度不够，有的政策甚至在实施过程中对民营企业产生了负面影响。比如，在防范化解金融风险过程中，有的金融机构对民营企业惜贷不敢贷甚至直接抽贷断贷，造成企业流动性困难甚至停业；在"营改增"过程中，没有充分考虑规范征管给一些要求抵扣的小微企业带来的税负增加；在完善社保缴费征收过程中，没有充分考虑征管机制变化过程中企业的适应程度和带来的预期紧缩效应。

（二）发展的机遇

1. 总体形势稳中向好

当前，湖北正面临长江经济带、湖北自贸区建设的重大历史发展机遇，经济总体发展形势较好，民营经济平稳运行，新旧动能加快转化，高质量发展已上轨道。前三季度，湖北 GDP 同比增长 7.9%，比全国高 1.2 个百分点；社会消费品零售总额 13126.26 亿元，同比增长 11.3%，增速位居中部第 2、全国第 6；实际使用外资金额 89.79 亿美元，同比增长 5.0%；全社会用电 1561.72 亿千瓦时，同比增长 11.26%；公路货运量 11.80 亿吨，同比增长 13.7%。湖北宏观经济形势稳中向好，为民营经济保持平稳运行奠定了良好基础。

2. 发展决心更加坚定

十九大报告指出，"必须坚持和完善我国社会主义基本经济制度和分配制度，毫不动摇巩固和发展公有制经济，毫不动摇鼓励、支持、引导非公有制经济发展"，"要支持民营企业发展，激发各类市场主体活力，要努力实现更高质量、更有效率、更加公平、更可持续的发展"①。习近平总书记在不同场合连续力挺民营经济，释放出越来越强的政策信号。2018 年 9 月 27 日习近平总书记在辽宁调研考察时强调："改革开放以来，党中央始终关心支持爱护民营企业。我们毫不动摇地鼓励、支持、引导、保护民营经济发展。"② 10 月 20日，总书记在给民营企业家回信中表示："民营经济的历史贡献不可磨灭，民营经济的地位作用不容置疑，任何否定、弱化民营经济的言论和做法都是错误的。"③ 10 月 24 日，总书记在广东考察再次重申："党中央一直重视和支持非公有制经济发展，这一点没有改变、也不会改变。"④ 10 月 31 日，总书记主持中共中央政治局会议时强调要坚持"两个毫不动摇"，促进多种所有制经济共同发展，研究解决民营企业、中小企业发展中遇到的困难⑤。11 月 1 日，习近平总书记在民营企业座谈会上充分肯定我国民营经济的重要地位和作用，强调"两个不动摇""三个没有变"，指出"我国经济发展能够创造中国奇迹，民营经济功不可没"⑥。总书记的密集表态，重申了党中央毫不动摇支持民营企业发展的一贯立场，给广大的民营企业家吃了"定心丸"，表明了党中央毫不动摇鼓励、支持、引导民营经济发展的坚定决心和鲜明态度，为新时代民营经济的繁荣发展，注入强大的信心和动力。11 月 8 日，湖北省委领导在全省促进民营经济发展座谈会上指出，要深入学习贯彻习近平总书记关于民营经

① 中国社会科学网，http：//www. cssn. cn/ddzg/ddzg_ldjs/ddzg_jj/201711/t20171122_3750173. shtml。

② 中国政府网，http：//www. gov. cn/xinwen/2018-09/28/content_5326140. htm。

③ 人民网，http：//sn. people. com. cn/n2/2020/0525/c190199-34040658. html。

④ 人民网，http：//sn. people. com. cn/n2/2020/0525/c190199-34040658. html。

⑤ 金融界，http：//finance. jrj. com. cn/2018/10/31183425286940. shtml。

⑥ 新华网，http：//www. xinhuanet. com/politics/2018-11/03/c_1123658565. htm。

济发展的重要论述，进一步增强责任感、紧迫感和使命感，采取精准有效措施促进全省民营经济高质量发展。2018 年，湖北民营企业家信心指数连续四个季度均在 55% 以上高位运行，表明湖北民营企业家对于未来发展充满信心。

3. 政策措施更加精准

国家相关部委针对民营经济面临的突出问题，在解决民营企业融资难、减负降税、放宽市场准入、消除隐性壁垒、鼓励民营企业投资等方面出台了很多文件措施。关于企业税负、社保费率等问题，国家税务总局发布《关于实施进一步支持和服务民营经济发展若干措施的通知》，指出要认真落实和完善政策，促进民营企业减税降负，确保企业社保缴费实际负担有实质性下降。关于营商环境进一步优化问题，《市场准入负面清单（2018 版）》适时公布，并在全国范围内实施；营商环境指标体系、评价机制、试点工作正在进一步完善；中央统战部、全国工商联发布《改革开放 40 年百名杰出民营企业家名单》，对弘扬和激发企业家精神起到了积极促进作用；商务部发布了《民营企业境外投资经营行为规范》；司法部出台了《关于充分发挥职能作用为民营企业发展营造良好法治环境的意见》，为民营企业发展保驾护航。2018 年，湖北省委、省政府先后出台了《关于进一步激发民间有效投资活力 促进经济持续健康发展的实施意见》《关于进一步降低企业成本增强经济发展新动能的意见》《关于进一步优化营商环境的若干意见》等文件措施。2018 年 11 月 18 日，省委、省政府出台《关于大力支持民营经济持续健康发展的若干意见》，涉及财税、金融、社保、交通、土地、电力、安监、环保、监察、提升竞争力、弘扬企业家精神等"27 条"，更是干货满满、红包多多。例如，"三个 100 亿"，设立 100 亿元县域发展引导基金、100 亿元上市公司纾困基金、100 亿元担保再担保基金等，湖北省委省政府支持民营经济发展力度之大前所未有，民营企业将在一系列政策措施的保驾护航下继续前行。

四、促进湖北省民营经济发展的对策建议

（一）亮旗定向，凝聚发展共识

1. 坚定不移支持民营经济发展

深入传达学习贯彻落实习近平总书记在民营企业座谈会上重要讲话精神，毫不动摇地鼓励、支持、引导非公有制经济发展，引导广大民营企业稳定预期、提振信心。完善支持民营经济发展的体制机制，全面实施市场准入负面清单制度，坚决破除各种歧视性限制和隐性障碍，充分发挥市场在资源配置中的决定性作用。大力营造亲清政商关系，建立党政领导干部和部门联系服务民营企业工作制度，引导各级各部门主动靠前服务，解决民营企业遇到的实际问题。

2. 加大民营经济发展考核评价力度

把民营经济发展作为市、县考核的重要指标，提出符合实际的长远发展目标和阶段性工作目标，进一步压实湖北各市州和县（市、区）支持和发展民营经济的主体责任。每年组织开展涉企政策专项督查和第三方评估，督促检查、跟踪问效。对接国家营商环境评价指数及国际通行标准，建立全省统一的民营经济营商环境评价机制，为高质量构建营商环境提供湖北样本。

3. 大力弘扬优秀企业家精神

把企业家队伍培养纳入重要议事日程，通过多种方式和途径，为企业家和创业者提供实在有效的培训，提升民营企业家素质，壮大民营企业家队伍。大力宣传表彰优秀民营企业和民营企业家，开辟民营经济发展宣传专栏、专题、专版，广泛、多角度、全方位地宣传湖北民营经济发展成就和民营企业家先进事迹，讲好湖北企业家故事，在全社会营造尊重、关心、支持民营企业发展的良好氛围。

（二）多措并举，支持企业发展

1. 努力降低企业运营成本

滚动实施"万企万亿"技改工程，加快推进企业技术升级和设备改造，降低企业生产经营成本。支持企业"抱团取暖"，形成产业联盟，信息互享互通，以集中采购等方式加大对上游产品采购总量，提高议价能力，降低输入性成本。推进高速公路差异化收费、铁水公多式联运，建设省级物流云，提高物流运输信息化水平和物流组织效率，降低企业物流成本。建立省级专项资金支持企业进行智能车间、智能仓库改造升级，加快企业向智能制造转型，降低人工成本。围绕社保缴费、物流成本、工业电价等重点领域开展降低成本政策落实情况第三方评估和专项督查，增强企业政策获得感。

2. 进一步缓解企业融资难问题

加强金融机构对民营企业特别是中小企业贷款占比以及费率的考核，在全省开展金融服务整治专项行动，着力解决对民营企业抽贷、压贷、断贷和高息过桥等突出问题，严格规范金融机构经营行为。建立完善政府融资担保体系，增加政策性担保领域的财政投入力度，扩大政策性担保体系覆盖范围，增强企业信贷可得性。加强政银企联动，建立银行优质企业优质客户"红名单"以及面临一时性困难经过救助即可恢复生产经营的"关注和帮扶名单"，提高金融服务实体经济的能力和意愿。

3. 积极防范化解民营企业金融风险

建立企业重大风险预警处置制度，对湖北主板、创业板、新三板上市民营企业的金融风险逐一排查，以市场化、法治化、专业化的方式帮助民营企业渡过难关，对符合经济结构优化升级方向、有前景的民营企业进行必要财务救助。引导优质民营企业在债券市场融资，为民营实体企业拓展长期稳定资金来源。

（三）突出重点，强化示范效应

1. 做大做强优势行业、龙头企业

实施龙头企业培育计划，鼓励支持重点企业上市、兼并重组、强强联合，形成规模效应，促进优势企业做大做强，着力打造一批规模大、实力强、主业突出，具有自主知识产权和核心竞争力的行业领军企业。

2. 提高企业自主创新能力

坚决落实好财政部 2018 年 9 月发布的研发费用抵扣新政（财税〔2018〕99 号），将企业研发费用税前扣除比例从原有的 50% 提高到 75%，同时，将抵扣范围扩大到所有企业。完善针对民营高新技术企业的多层次金融服务体系，设立民营企业研发补贴专项基金，加大金融支持力度，提升民营企业技术融资能力。给予科技人才在提成方面的税收优惠政策，切实增强科技人才获得感。

3. 支持民营企业走出国门

大力支持民营企业参加国际市场考察、国际展会交流活动，加大民营企业参展补贴扶持力度，积极引导有条件、有实力、有准备的民营企业走出国门，参与"一带一路"建设。在湖北企业投资相对集中的国家和地区，牵头成立中资商（协）会，维护企业的合法权益，推动企业资源共享、抱团发展。组织已经在海外站稳脚跟的成功企业宣讲交流，介绍当地投资情况和贸易投资经验，增强民营企业"走出去"的信心。

（四）深化改革，营造良好环境

1. 大力营造尊商亲商的社会环境

要大力气破除思想桎梏，牢固树立"抓民营经济就是抓发展"的理念，对民营企业多一些理解、少一些质疑，多一些扶持、少一些苛责，形成全社会支持民营经济发展的整体合力。加大涉企舆情监测分析，在新闻报道和舆论宣传中注重保护企业"商誉"，营造尊商亲商、褒扬成功、宽容失败的良好氛围。

2. 大力营造护商安商的法治环境

要严格遵循法不溯及既往、罪刑法定、从旧兼从轻等原则，以发展的眼光，客观看待和依法处理各类企业特别是民营企业经营过程中存在的不规范问题。要依法保护民营企业合法财产。进一步细化涉嫌违法的企业和人员财产处置规则，依法慎重决定是否采取相关强制措施，需要采取查封、扣押、冻结等措施的，严格按照法定程序进行，最大限度降低对企业生产经营活动的不利影响。要加强知识产权类民事、刑事和行政案件的审理，积极探索建立知识产权侵权惩罚性赔偿制度，提高知识产权侵权行为违法成本。提高涉企诉讼执行效率，切实解决执行难问题，维护民营企业胜诉后权益保障。

3. 大力营造安全有序的发展环境

针对企业集中区，打造分级出警圈，深化多元化解机制建设，提高人民调解组织覆盖。深入开展扫黑除恶专项行动，组织发动群众和企业反映举报干扰、影响、破坏企业正常生产经营活动的行为。加大对危害企业生产经营环境的社会治安、经济诈骗、职务侵占等犯罪的打击力度，对涉企、涉项目、涉招商治安案件"依法快办"，严肃处理，降低企业的维权成本。

4. 大力营造法治诚信的政务环境

加强政策协调性，提高政策执行水平，推动民营企业扶持政策真正落地落实落细。强化涉企政策的执行兑现，通过政策兑现会等形式，全面落实支持民营经济的各项政策举措。严格涉企政策调整程序，在出台与民营企业相关政策时，在尊重历史沿革前提下，有"缓冲期"和时效，完善政策执行方式。建立完善政府守信践诺制度，健全政府失信行为投诉处理机制，对造成政府失信、违约行为的主要负责人和直接责任人要依法依规追究责任，破除新官不理旧事的弊端，最大限度维护政府信誉和市场主体合法权益。坚持实事求是，及时纠正在安监、环保等领域执法过程中对民营企业"一刀切"的做法。

第二篇
湖北省民营经济景气指数季度监测分析报告

一、湖北省民营经济景气指数编制背景、意义及方法

（一）湖北省民营经济景气指数编制背景

民营经济是我国公有制为主体多种所有制经济共同发展的重要组成部分，在推动发展、促进创新、增加就业、改善民生等方面发挥了不可替代的作用。2018 年 11 月 1 日，习近平在民营企业座谈会上的讲话指出："我国非公有制经济，是改革开放以来在党的方针政策指引下发展起来的。公有制为主体、多种所有制经济共同发展的基本经济制度，是中国特色社会主义制度的重要组成部分，也是完善社会主义市场经济体制的必然要求。""民营企业蓬勃发展，民营经济从小到大、由弱变强，在稳定增长、促进创新、增加就业、改善民生等方面发挥了重要作用，成为推动经济社会发展的重要力量。支持民营企业发展，是党中央的一贯方针，这一点丝毫不会动摇。""民营经济是社会主义市场经济发展的重要成果，是推动社会主义市场经济发展的重要力量，是推进供给侧结构性改革、推动高质量发展、建设现代化经济体系的重要主体，也是我们党长期执政、团结带领全国人民实现'两个一百年'奋斗目标和中华民族伟大复兴中国梦的重要力量。在全面建成小康社会、进而全面建设社会主义现代化国家的新征程中，我国民营经济只能壮大、不能弱化，不仅不能'离场'，而且要走向更加广阔的舞台。""所有民营企业和民营企业家完全可以吃下定心

丸、安心谋发展!" 2018 年 10 月 20 日，习近平给"万企帮万村"行动中受表彰的民营企业家的回信中表示："希望广大民营企业家把握时代大势，坚定发展信心，心无旁骛创新创造，踏踏实实办好企业，合力开创民营经济更加美好的明天，为实现中华民族伟大复兴的中国梦作出新的更大贡献。"习近平总书记在不同场合反复强调民营经济的重要作用、重要地位，字字珠玑，为民营经济发展坚定了信心。

2018 年 11 月 8 日，湖北省委领导在全省促进民营经济发展座谈会上指出，要深入学习贯彻习近平总书记关于民营经济发展的重要论述，进一步增强责任感、紧迫感和使命感，采取精准有效措施促进全省民营经济高质量发展。在省委省政府一系列促进民营经济发展的政策文件的指引下，湖北省民营经济继续保持了稳中向好、稳中有进的发展势头，创造了全省五成的 GDP、近六成的税收、七成的社会投资和八成以上的新增就业岗位，已经成为全省经济发展中最富活力、最具潜力、最有创造力的力量，是全省经济发展的"压舱石"。但也面临整体发展水平不强，自主创新能力不足，营商环境不优，融资难、用工难、成本高等"老大难"问题。

因此，构建系统的民营经济运行监测体系，并对湖北省民营经济运行情况展开监测分析，有助于了解当前湖北省民营经济运行特点、存在的问题及趋势，提出有针对性的对策建议，具有较重要的理论意义和现实意义。

（二）湖北省民营经济景气指数编制意义

1. 理论意义

构建全面覆盖、重点突出、点面结合的民营经济监测体系，并以湖北省为例，开展调查分析。现有反映民营经济的指标分属不同经济部门，相对零散，未形成系统性、综合性、全面有效的监测、预测、预警体系。指数编制以对企业宏观经济环境判断和微观经营状况相结合的意向调查为基础，运用信息化方法将定性判断转变为定量数据，保证结果"用数据说话"。其统计结果信息具有较高的超前性、客观性、科学性、可靠性和连续性，在指标设置和监测、预测、预警方面弥补传统统计方法的不足。

2. 现实意义

一是有利于加强对湖北省民营经济运行情况的监测、预测和预警能力，更好发挥统计导向作用。加强对民营经济运行的监测、预测、预警，正确判断经济走势，挖掘行业亮点、寻找企业发展瓶颈和问题，可以为决策部门提供更直接、更快捷、更全面、更综合的监测分析成果，更好地为政府监测民营经济走势、加强经济管理和宏观调控提供真实可靠的依据。二是有利于帮助湖北省民营企业实现稳定经营、增强抗风险能力。面对错综复杂的国内外经济形势，民营企业对宏观经营环境的敏感程度不断增强，企业需要对宏微观经济形势进行预判，才能做出正确的经营决策。三是对湖北来说，湖北省在全国工商联系统率先推出系统和全面的民营经济监测体系以及民营经济景气指数和企业家信心指数，可以提升湖北民营经济在全国的"话语权"和影响力。

（三）湖北省民营经济景气指数编制方法

1. 民营经济景气指数设计框架

（1）民营经济景气指标体系

湖北省民营经济景气指数由民营企业经营指数、民营企业先行趋势指数、民营企业家信心指数3个一级指标、7个二级指标以及23个三级指标分类指数合成。见表2.1。

根据与省工商联、商会组织及企业共同商讨，确定各指标权重如下：一级指标的权重为4：3：3；三个一级指标中的二级指标分别为4：6、6：4、3：4：3；三级指标为等权平均。

（2）景气指数的计算

第一步，计算三级指标指数得分，首先将问卷调查中每个题目5个答案依次赋值为1、2、3、4、5，每个问题除去空值的回答次数为 n，每个问题中出现赋值1、2、3、4、5的频数依次为 x_1、x_2、x_3、x_4、x_5，

则每个问题的指标指数得分为 $x = \dfrac{\sum\limits_{i=1}^{5} i \times x_i}{5n}$，

表 2.1　　　　　　　　**湖北省民营经济景气指标体系**

一级指标	二级指标	三级指标
湖北省民营经济景气指数	民营企业经营状态	生产总量
	企业生产状态指数	流动资金
		销售量
		劳动力成本
		产品销售价格
		产成品库存
	企业盈利能力指数	原材料及燃料供应状态
		生产成本
		应收未收到期货款
		原材料及燃料购进价格
		企业盈亏状况
	民营企业先行趋势指数	民营企业先行指数	产品订货量
		劳动力需求
		固定资产投资
	创新投入指数	企业研发投入
	民营企业家信心指数	企业家当前信心指数	企业当前信心
		行业当前信心
	企业乐观指数	企业家对企业未来发展的乐观程度
	营商环境指数	市场开放度
		法律公平度
		融资难易度
		政府支持民营企业的满意度
		市场竞争程度
		制度成本

调整后的指数得分为 $\hat{x} = \dfrac{x - 0.2}{0.8}$,

从而求得三级指标得分。

第二步，对三级指标加权平均得到二级指标得分。

第三步，对二级指标加权平均得到一级指标得分。

第四步，对一级指标加权平均得到景气指数。

（3）景气指数的含义

根据景气指数的计算方法，景气指数取值范围在［0，1］之间，50%为临界值（荣枯线）。当景气指数大于50%时，表明经济状况趋于上升或改善，处于景气状态；当景气指数小于50%时，表明经济状况趋于下降或恶化，处于不景气状态。

2. 问卷调查与调研访谈

本课题组的研究获得了湖北省工商联大力支持。课题组设计了《湖北省民营经济景气指数监测调查问卷》（见附件2.1）。调查问卷均在全国工商联民营企业调查系统上发放与回收。每季度能够稳定在800份以上。在湖北省工商联及各地工商联的支持与配合下，课题组赴武汉、襄阳、随州、仙桃等地进行实地调研，与商会组织及企业开展座谈和"一对一"访谈。

附件2.1

湖北省民营经济景气指数监测调查问卷

尊敬的女士/先生：您好！

为了编制湖北省民营企业景气指数，监测民营企业发展，研究民营企业发展过程中存在的问题，优化民营企业发展环境，以促进民营企业的健康、稳定、持续发展，特举行本次调查。从本季度开始，将在每个季度调查一次。调查内容不涉及任何个人与企业的敏感性问题，调查数据仅供研究之用，只要您给出尽可能准确的判断，就认为达到了调查的目的。谢谢您的支持与配合！

一、企业基本背景

01. 所属产业：□

①第一产业　　②第二产业　　③第三产业

　　　　是否有互联网+产业：　　　是□　　否□

　　　　是否是战略性新兴产业：　是□　　否□

02. 企业规模：□

①大型　　②中型　　③小型　　④微型

03. 企业历史：□

①5 年以下　　②5—10 年　　③10 年以上

04. 所在地区：——（按湖北省行政区域划分，填写所属地级市、州）

二、企业生产经营判断

生产成本

05. 本期生产成本比上期有：□

①较大上升　②略有上升　③持平　④略有下降　⑤较大下降　⑥不涉及

06. 预计下期生产成本比本期有：□

①较大上升　②略有上升　③持平　④略有下降　⑤较大下降　⑥不涉及

生产总量

07. 本期生产总量比上期有：□

①较大增长　②略有增长　③持平　④略有下降　⑤较大下降　⑥不涉及

08. 预计下期生产总量比本期有：□

①较大增长　②略有增长　③持平　④略有下降　⑤较大下降　⑥不涉及

二、一季度湖北省民营经济景气指数监测分析报告

（一）民营经济运行特点

1. 景气指数稳健运行，一季度实现开门红

一季度，湖北省民营经济延续了 2017 年良好势头，保持了稳中趋缓的发展态势。一季度景气指数为 54.4%，民营企业家信心指数为 58.1%，连续 5 个季度处在 50%以上的扩张区间。从民营经济景气指数走势上看，今年一季度同

比 2017 年同期、环比 2017 年四季度均小幅回落 0.1 个百分点，比三季度低 0.2 个百分点，比二季度高 0.2 个百分点，表明湖北省民营经济运行稳健。湖北省民营经济景气指数走势如图 2.1 所示。

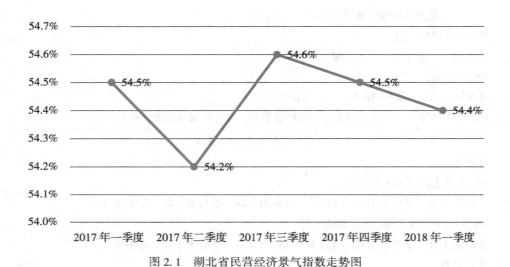

图 2.1　湖北省民营经济景气指数走势图

从生产销售情况看，一季度企业生产总量指数、产品销售价格指数、销售量指数均运行在 50% 以上扩张区间。企业生产总量、产品销售价格指数均出现小幅回落，但销售量指数呈现增长态势。一季度生产总量指数为 58.2%，比上季度下降 1.9 个百分点；产品销售价格指数为 53.3%，比上季度下降 2.2 个百分点；销售量指数为 56.2%，比上季度高 0.7 个百分点。表明企业在控制产能、降低产品价格的情况下，销售量实现了正增长。

从劳动力需求情况看，一季度劳动力需求指数比上季度提高 3.0 个百分点，比 2017 年同期提高 2.1 个百分点，表明企业对劳动力需求比较旺盛。

2. 增长动力加快转换，创新投入稳步提高

近年来，湖北省坚持以供给侧结构性改革为主线，着力培育壮大新动能，新兴产业发展步伐加快。一季度，湖北省民营经济战略性新兴产业景气指数为

56.3%，"互联网+"产业景气指数为55.3%，分别比总景气指数高1.9个、0.9个百分点，表明新经济在湖北省民营企业中发展势头较好。在国家和湖北省出台一系列促进新经济发展的政策措施支持下，新民营经济企业对未来发展也更有信心。一季度，湖北省战略性新兴产业企业家信心指数为59.8%，"互联网+"产业企业家信心指数为58.8%，比总企业家信心指数分别高1.7个、0.7个百分点，表明民营企业对新经济发展未来可期。

新经济的发展离不开创新投入的增加。一季度研发投入指数为61.7%，景气指数高位运行，连续5个季度均处于50%以上扩张区间。一季度研发投入指数虽略低于2017年四季度的63.0%，但比2017年三季度、二季度、一季度分别高1.0个、0.2个、1.7个百分点，总体呈上升趋势，表明企业参与创新的意愿有所提升，创新投入强度稳步提高。

3. 成本库存有所下降，盈利能力稳步提升

在一系列"三去一降一补"政策措施出台后，企业库存和运营成本均有所下降，盈利能力稳步提升。一季度企业库存指数从上季度的49.1%提高到了50.3%，提高1.2个百分点，表明企业库存下降，企业"去库存"取得积极成效。

从运营成本看，一季度原材料及燃料购进价格指数比上季度上升了6.3个百分点，达到35.3%；劳动力成本指数比上季度上升了0.1个百分点，达到33.3%，表明当前原材料和劳动力市场供应紧张局面有所缓解。受此影响，企业生产成本有所下降，一季度生产成本指数从上季度的29.3%上升到33.2%。

从盈利能力看，一季度企业盈利能力指数从上季度的43.1%提高到45.9%。调查显示，50.1%的企业表示盈利，比上季度提高0.9个百分点；企业亏损面从上季度的23.7%下降到21.5%，亏损面收窄，表明企业盈利状况有所好转。

4. 区域发展协同并进，多极带动形成合力

近年来，湖北省加快培育"多极发展"新格局，区域发展协调性增强，全省各地市州景气指数均在50%以上，处于景气状态。一季度，随州市继续勇当排

头兵，连续 5 个季度景气指数位居全省第一。随州、武汉、襄阳、荆门、仙桃、宜昌 6 个城市景气指数高于总指数，经济运行持续向好。鄂州、黄冈、十堰、咸宁的景气指数较上季度分别上升了 0.3、0.9、0.4、0.9 个百分点，显现了较好的发展势头。一季度湖北省分地区民营经济景气指数如表 2.2 所示。

表 2.2　　　　　　一季度湖北省分地区民营经济景气指数

排名	城市	景气指数（%）	排名	城市	景气指数（%）
1	随州市	58.0	10	黄石市	53.4
2	武汉市	56.1	11	荆州市	53.3
3	襄阳市	55.9	12	黄冈市	53.1
4	荆门市	55.7	13	十堰市	53.1
5	仙桃市	55.2	14	鄂州市	53.0
6	宜昌市	54.5	15	咸宁市	52.7
7	孝感市	54.3	16	神农架林区	51.3
8	潜江市	54.3	17	恩施土家族苗族自治州	50.5
9	天门市	54.2	—	—	—

（二）湖北省民营经济发展面临的主要问题

一季度，湖北省民营经济运行总体稳健，但还存在一些问题需要引起高度重视：

1. 融资问题

2018 年以来，在美联储加息等因素的影响下，央行货币政策开始收紧，M2 增速下降。在此背景下，一季度湖北省民营经济融资难易程度为 39.7%，与 2017 年四季度持平，比 2017 年三季度（44.2%）、二季度（40.3%）、一季度（44.0%）分别低 4.5 个、0.6 个、4.3 个百分点。融资指数连续 5 个季度在 50% 以下非景气区间运行，一季度创指数新低，表明融资难、融资贵问题长期以来未得到根本解决，反而有愈演愈烈趋势。

2. 同质化竞争问题

一季度市场竞争程度指数为 38.1%，远低于 50% 荣枯线水平，高达 83.3% 的企业表示市场竞争激烈或非常激烈，这与当前湖北省民营企业产品同质化严重，产业链处于中低端，部分产业产能过剩有关。湖北省中大型民营企业主要集中在建筑装饰、化工、批发零售等行业，行业集中度高，进入门槛较低，容易造成同质化竞争。

（三）对二季度湖北省民营经济景气指数走势的预判

从先行指标及信心指数上看，反映企业对二季度综合经营状况预判的先行趋势指数为 60.3%；反映企业对未来信心的企业家信心指数为 58.1%，均处于景气状态。调查显示，67.2% 的企业对未来本行业发展表示乐观；70.4% 的企业对未来生产经营状况表示乐观。企业对政府支持满意度、市场开放度、法律公平度等指标均处在扩张区间，表明企业对二季度稳健运行持乐观态度。

同时应该看到，湖北省民营经济运行压力依然较大。在湖北省工业用电量增速放缓和中美贸易摩擦等因素影响下，企业家对未来发展乐观指数比上季度下降 0.7 个百分点，订货量指数比上季度下降 3.7 个百分点，固定资产投资指数比上季度下降 0.2 个百分点。

二季度，湖北省要多措并举，积极促进新民营经济发展，一是优化营商环境，深化"放管服"改革，正确处理好政府和市场的关系，构建"亲""清"新型政商关系；二是深化供给侧结构性改革，推动降低制度性交易成本以及物流、用能、用地等成本，让企业有更强的政策获得感；三是招商引资和引导产业升级并重，尽量避免产能过剩或已经饱和的行业涌入大量新进投资项目；四是在稳健中性的货币政策、M2 增速趋缓的背景下，加强金融支持湖北省民营企业，特别是中小微企业、实体经济的服务力度，创新抵（质）押融资方式，拓宽民营企业融资渠道。

附件 2. 2：

2018 年一季度湖北省民营经济景气指数表

景气指数	一级		二级		三级	
	指标	指数	指标	指数	指标	指数
54.4%	民营企业经营状态	47.2%	企业经营状态指数	49.2%	生产总量	58.2%
					流动资金	43.7%
					销售量	56.2%
					劳动力成本	33.3%
					产品销售价格	53.3%
					产成品库存	50.3%
			企业盈利能力指数	45.9%	原材料及燃料供应状态	57.8%
					生产成本	33.2%
					应收未收到期货款	45.8%
					原材料及燃料购进价格	35.3%
					企业盈亏状况	57.3%
	民营企业先行趋势指数	60.3%	民营企业先行指数	59.4%	产品订货量	57.2%
					劳动力需求	61.1%
					固定资产投资	59.9%
			创新投入指数	61.7%	企业研发投入	61.7%
	民营企业家信心指数	58.1%	企业家当前信心指数	68.0%	企业当前信心	68.6%
					行业当前信心	67.4%
			企业家对企业未来发展乐观指数	55.0%	预计回答有信心（上升）平均比率比下降比率	55.0%
			营商环境指数	52.4%	市场开放度	65.4%
					法律公平度	65.4%
					融资难易度	39.7%
					政府支持民营企业的满意度	57.5%
					市场竞争程度	38.1%
					制度成本	48.0%

三、二季度湖北省民营经济景气指数监测分析报告

为加强对湖北省民营经济运行状况的监测，及时准确掌握民营经济发展态势，为省委、省政府决策提供参考，本课题组分季度对湖北省民营经济景气状况进行监测分析①。数据显示，二季度湖北省民营经济景气指数为53.5%，民营企业家信心指数为56.1%，表明湖北省民营经济总体处于景气状态。

（一）民营经济运行特点

1. 景气指数平稳运行，主要指标处于扩张区间

二季度，宏观经济下行压力增大，但得益于湖北省委、省政府出台的一系列促进民营经济发展的政策措施，湖北省民营经济保持了平稳运行的发展态势，主要指标在景气区间运行。二季度民营经济景气指数为53.5%、民营企业家信心指数为56.1%，虽比一季度分别下降了0.9个、2.0个百分点，但连续6个季度都处于50%以上的扩张区间，表明湖北省民营经济总体运行平稳。

随着供给侧结构性改革不断深入，企业生产经营状况持续改善，生产总量指数、销售量指数、产品销售价格指数均运行在50%以上扩张区间。二季度民营企业生产总量指数为59.7%，比一季度高1.5个百分点；产品销售价格指数为53.5%，比一季度高0.2个百分点；销售量价格指数为57.3%，比一季度高1.1个百分点。表明二季度民营企业延续了一季度开门红走势，生产经营情况稳中向好。

---

① 湖北省民营经济景气指数由企业经营状态、先行趋势、企业家信心3个一级指标、7个二级指标以及23个三级指标合成。取值范围在［0，1］之间，50%为临界值（荣枯线），当景气指数大于50%时，表明经济状况处于景气状态；当小于50%时，表明经济状况处于不景气状态。

2. 创新强度持续加大，发展进入高质量轨道

二季度，湖北省强力推进《中国制造 2025 湖北行动纲要》落地生根，企业创新强度持续加大，企业研发投入指数为 62.5%，比一季度高 0.8 个百分点，比 2017 年同期高 0.2 个百分点，保持了高位上升态势。调查显示，57.6% 的企业表示研发投入比上期有明显增加；56.5% 的企业表示预计下期企业研发投入比本期有显著提升。表明湖北省民营企业创新强度稳步提高，创新意识不断增强。

增长新动能不断涌现。二季度，湖北省民营经济战略性新兴产业景气指数和"互联网+"产业景气指数分别为 54.7% 和 54.0%，分别比总景气指数高 1.2 个、0.5 个百分点，表明湖北省新兴产业蓬勃发展，经济发展进入高质量轨道。

3. 营商环境不断优化，投资意愿稳步提高

随着湖北省"证照分离"的改革试点工作实施方案稳步推进，稳定公平透明的营商环境不断得到优化。二季度，营商环境指数为 50.1%，处于景气状态。法律公平度指标实现持续增长，比一季度高 0.3 个百分点，比上年同期高 1.9 个百分点；市场开放度指数为 64.1%，处于高位运行，表明湖北省营商环境逐步优化趋势明显。

二季度，宏观经济形势企稳回升，湖北省民营企业劳动力需求指数比上年同期提高了 1.2 个百分点，劳动力需求更趋旺盛；产品订货量指数与上年同期持平，运行在合理区间。在此形势下，民营企业投资意愿稳步提高。二季度固定资产投资指数为 57.9%，位于扩张区间运行。二季度调查显示，65.3% 的企业家表示预计下期企业固定资产投资比上期有增加，表明企业家对未来民营企业发展形势看好，投资意愿逐步提高。

4. 武汉排名跃居第一，空间布局不断优化

近年来，湖北省委、省政府高度重视"多极发展"新格局培育，汇聚荆楚共建支点的强大合力，多极带动，多点突破，区域经济发展协调性增强，全

省各地市州景气指数均在荣枯线上运行，处于景气状态。武汉聚力民营经济改革创新，民营经济景气指数跃居二季度首位，发挥了龙头带动作用。武汉、随州、荆门、潜江、宜昌、襄阳 6 个城市景气指数高于总指数，经济运行势头良好。二季度湖北省分地区民营经济景气指数如表 2.3 所示。

表 2.3　　　　　　　**二季度湖北省分地区民营经济景气指数**

排名	城市	景气指数（%）	排名	城市	景气指数（%）
1	武汉市	54.7	10	黄石市	52.8
2	随州市	54.5	11	十堰市	52.6
2	荆门市	54.5	12	黄冈市	52.4
4	潜江市	54.3	13	咸宁市	52.2
4	宜昌市	54.3	14	荆州市	52.1
6	襄阳市	53.9	15	鄂州市	51.8
7	仙桃市	53.4	16	神农架林区	50.6
7	天门市	53.4	17	恩施土家族苗族自治州	50.0
9	孝感市	52.9	—	—	—

（二）民营经济发展面临的主要问题

二季度，湖北省民营经济主要指标处于景气区间，总体呈现稳中向好的发展态势，但运行压力依然较大，存在一些问题需要引起高度关注：

1. 利润水平下降

二季度，湖北省民营经济企业盈利能力指数为 45.0%，低于荣枯线水平，比一季度下降 0.9 个百分点。调查显示，企业运营成本上升是利润水平下降的主要原因。二季度生产成本指数为 32.0%，比一季度下降 1.2 个百分点，比 2017 年同期下降 2.1 个百分点；原材料及燃料购进价格指数为 35.0%，比上季度下降 0.3 个百分点，比 2017 年同期下降 0.8 个百分点，对企业盈利能力和利润水平造成了较大冲击。

2. 流动性风险凸显

中小民营企业资金短缺问题未得到有效缓解，并呈加剧之势。二季度，企业流动资金指数为 44.0%，低于荣枯线水平；融资难易度指数为 38.7%，比一季度下降 1.1 个百分点，比上年同期下降 1.6 个百分点。调查显示，受当前稳健中性货币政策影响，企业"借新债还旧债"难以为继，三角债问题有所抬头，应收账款显著增多，企业流动性风险增大。

（三）对三季度民营经济景气指数走势的预判

湖北省民营经济运行总体处于景气状态，保持了稳中向好的发展态势。从先行指标看，反映企业对下季度景气状况预判的先行趋势指数为 59.7%；反映企业对未来信心的企业家信心指数为 56.1%，均处于景气状态。调查显示，63.8% 的企业对未来本行业发展表示乐观，65.7% 的企业对未来生产经营状况表示乐观，表明企业对三季度民营经济平稳运行持乐观态度。

三季度，湖北省要以新发展理念为引领，提高民营企业竞争力，实现民营经济高质量发展。一是拓宽中小民营企业融资渠道，有效缓解中小企业融资难问题；二是切实降低民营企业运营成本，减轻民营企业税费负担，让企业有更强的政策获得感；三是支持民营企业转型升级，推动企业产品由"湖北制造"向"湖北智造"转变。

附件 2.3

2018 年二季度湖北省民营经济景气指数表

景气指数	一级		二级		三级	
	指标	指数	指标	指数	指标	指数
53.5%	民营企业经营状态	46.9%	企业经营状态指数	49.6%	生产总量	59.7%
					流动资金	44.0%
					销售量	57.3%
					劳动力成本	34.4%
					产品销售价格	53.5%
					产成品库存	48.9%
			企业盈利能力指数	45.0%	原材料及燃料供应状态	56.7%
					生产成本	32.0%
					应收未收到期货款	45.5%
					原材料及燃料购进价格	35.0%
					企业盈亏状况	55.9%
	民营企业先行趋势指数	59.7%	民营企业先行指数	57.8%	产品订货量	57.2%
					劳动力需求	58.2%
					固定资产投资	57.9%
			创新投入指数	62.5%	企业研发投入	62.5%
	民营企业家信心指数	56.1%	企业家当前信心指数	67.3%	企业当前信心	67.7%
					行业当前信心	67.0%
			企业家对企业未来发展乐观指数	52.3%	预计回答有信心（上升）平均比率比下降比率	52.3%
			营商环境指数	50.1%	市场开放度	64.1%
					法律公平度	65.7%
					融资难易度	38.7%
					政府支持民营企业的满意度	58.4%
					市场竞争程度	34.0%
					制度成本	39.7%

四、三季度湖北省民营经济景气指数监测分析报告

数据显示,三季度湖北省民营经济景气指数为52.7%,民营企业家信心指数为55.5%,表明湖北省民营经济总体处于景气状态。

(一)民营经济运行特点

1. 景气指数运行稳健,生产销售持续增长

在湖北省委、省政府的关怀和政策利好下,湖北省民营经济保持了稳中向好、稳中有进的发展势头,主要指标运行在景气区间。三季度,民营企业家信心指数收于55.5%,比上季度回落0.6个百分点,受此影响,民营经济景气指数收于52.7%,比上季度回落0.8个百分点。民营经济景气指数、企业家信心指数虽有所回落,但仍处于景气区间,表明湖北省民营经济稳中向好的发展态势并无改变。

反映企业生产销售情况的生产总量指数、销售量指数、产品销售价格指数分别为59.8%、57.4%和53.8%,比上季度分别提高0.1个、0.1个和0.3个百分点。表明企业生产销售情况较好,产品价格稳中有升。湖北省民营经济景气指数走势如图2.2所示。

2. 新兴产业蓬勃发展,研发投入继续加大

三季度,湖北省民营经济战略性新兴产业景气指数为54.8%,"互联网+"产业景气指数为53.9%,分别比总指数高2.1个百分点和1.2个百分点,表明湖北省民营经济新旧动能转换加快,新兴产业蓬勃发展。

三季度,湖北省民营经济研发投入指数为60.8%,连续三个季度在60%以上高位运行。有47.6%的企业表示本期研发投入明显增加,有47.1%的企业预计下期也会有明显增加,表明企业研发投入的强度与意愿不断提升。

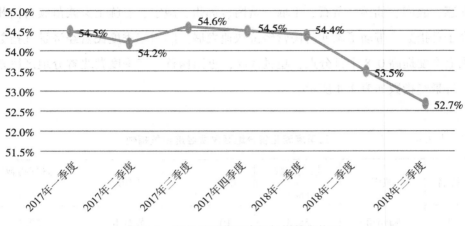

图2.2　湖北省民营经济景气指数走势图

3. 政府支持力度加大，投资保持高位运行

三季度，湖北省民营经济法律公平度指数为 64.9%、市场开放度指数为 62.1%，比上季度略有回落，但仍保持在高位运行。政府支持民营企业的满意度指数为 65.1%，比上季度提高 6.7 个百分点，表明随着"放管服"改革的持续推进和利好政策的深入实施，政府对民营企业的支持力度不断加大，民营企业对政府支持的满意度继续提升。

三季度，湖北省民营经济劳动力需求指数为 55.9%，订货量指数为 56.1%，均在景气区间运行。在湖北省营商环境不断优化，总体经济稳健运行的宏观背景下，民营企业投资意愿继续提升，固定资产投资指数为 58.6%，比上季度提高 0.7 个百分点，有 61.7% 的企业预计下期固定资产投资会有所提高，表明企业的投资意愿较强。

4. 区域协调性不断增强，新增长极加速形成

近年来，湖北省委、省政府深化培育"多极发展"新格局，坚持多核支撑、多极带动、多点突破，区域经济发展协调性不断增强。三季度，湖北省 15 个地、市、州民营经济景气指数在荣枯线水平（50%）上运行，表明各地区民营经济发展总体处于景气状态。随州、武汉、潜江、宜昌、荆门、天门、孝感、襄阳、仙桃、黄石、十堰、黄冈、鄂州、咸宁、恩施土家族苗族自治州高于总指数，带动了湖北省民营经济快速发展。随州三季度民营经济景气指数比上季度提高 0.8 个百分点，超过武汉，重回榜首。三季度湖北省分地区民营经济景气指数如表 2.4 所示。

表 2.4　　　　　　　三季度湖北省分地区民营经济景气指数

排名	城市	景气指数（%）	排名	城市	景气指数（%）
1	随州市	55.3	10	黄石市	52.1
2	武汉市	55.2	11	十堰市	52.0
3	潜江市	54.0	11	黄冈市	52.0
4	宜昌市	53.1	11	鄂州市	52.0
5	荆门市	53.0	14	咸宁市	51.2
6	天门市	52.9	15	恩施土家族苗族自治州	50.0
6	孝感市	52.9	16	荆州市	49.8
8	襄阳市	52.7	17	神农架林区	49.6
9	仙桃市	52.5	—	—	—

（二）民营经济发展面临的主要问题

三季度，湖北省民营经济运行总体稳健，主要指标处于景气区间，但还存在一些问题需要引起高度关注：

1. 运营成本不断上升

三季度，原材料及燃料供应状态指数比上季度下降 1.7 个百分点，表明原材料供应更趋紧张。在此影响下，原材料及燃料购进价格指数为 32.6%，低于荣枯线水平（50%），比上季度下降 2.4 个百分点，比上年同期下降 1 个百分点。生产成本指数为 31.3%，比上季度下降 0.7 个百分点，比上年同期下降 1.1 个百分点。由此可见，主要成本指标均处于非景气区间，并较上季度和上年同期出现回落，表明企业运营成本上升，运行压力不断加大。

2. 融资难问题更加凸显

三季度民营企业流动资金为 43.7%，比上季度下降了 0.3 个百分点；融资难易度指数为 39.0%，比荣枯线水平（50%）低 11.0 个百分点。有 49.4% 的企业表明下期流动资金短缺，9.6% 的企业认为融资困难。民营企业融资难的问题更加凸显，企业面临较大的流动性风险。

3. 市场竞争更趋激烈

三季度，湖北省民营经济市场竞争程度的指数为 27.5%，比上季度下降 6.5 个百分点，表明竞争环境更趋激烈。有 53% 的企业认为未来发展是乐观的，表明湖北省民营企业同质化竞争较为严重，产品附加值较低，核心竞争力不足。

（三）对四季度民营经济景气指数走势的预判

从先行指标及信心指数情况看，反映企业对下季度景气状况预判的先行趋势指数为 58.4%；反映企业对未来信心的企业家信心指数为 55.5%，均处于景气状态。有 59.6% 的企业对未来生产经营状况表示乐观，有 57.6% 的企业对本行业未来生产经营状况表示乐观。企业对政府支持满意度继续上升，营商环境不断优化，企业对四季度民营经济平稳运行持乐观态度。

附件 2.4：

2018 年三季度湖北省民营经济景气指数表

景气指数	一级		二级		三级	
	指标	指数	指标	指数	指标	指数
52.7%	民营企业生产经营指数	46.4%	企业生产指数	49.7%	生产总量	59.8%
					流动资金	43.7%
					销售量	57.4%
					劳动力成本	34.6%
					产品销售价格	53.8%
					产成品库存	48.7%
			企业盈利能力指数	44.2%	原材料及燃料供应状态	55.0%
					生产成本	31.3%
					应收未收到期货款	46.4%
					原材料及燃料购进价格	32.6%
					企业盈亏状况	55.8%
	民营企业先行趋势指数	58.4%	民营企业先行指数	56.9%	产品订货量	56.1%
					劳动力需求	55.9%
					固定资产投资	58.6%
			创新投入指数	60.8%	企业研发投入	60.8%
	民营企业家信心指数	55.5%	企业家当前信心指数	65.3%	企业当前信心	65.2%
					行业当前信心	65.4%
			企业家对企业未来发展乐观指数	53.0%	预计回答有信心（上升）平均比率比下降比率	53.0%
			营商环境指数	48.9%	市场开放度	62.1%
					法律公平度	64.9%
					融资难易度	39.0%
					政府支持民营企业的满意度	65.1%
					市场竞争程度	27.5%
					制度成本	34.8%

五、四季度湖北省民营经济景气指数监测分析报告

数据显示，四季度湖北省民营经济景气指数为52.9%，民营企业家信心指数为55.7%，比上季度均上升了0.2个百分点，表明湖北省民营经济运行总体处于景气状态。

（一）民营经济运行特点

1. 总体运行稳中向好，景气指数小幅提升

2018年民营经济景气指数总体运行虽低于上年水平，但连续8个季度在景气区间运行，表明湖北省民营经济运行稳健。四季度民营经济景气指数比上季度上升了0.2个百分点，这也是2018年景气指数较上季度首次出现上升，扭转了景气指数下降态势。从全年的走势看，从一季度的54.4%下降到三季度的52.7%，下降了1.7个百分点，四季度反弹至52.9%。反弹的主要原因是民营企业家信心指数比上季度上升了0.2个百分点，这源于2018年下半年以来习近平总书记在不同场合频繁发声力挺民营经济，同时也与民营企业家对国家有能力应对国内外各种挑战保持宏观经济平稳运行的信心有关。2017—2018年湖北省民营经济景气指数走势如图2.3所示。

2. 政府支持力度加大，企业信心筑底回升

在党中央、国务院对民营经济的亲切关怀和高度重视下，得益于湖北省委、省政府一系列支持民营经济发展的政策措施，湖北省营商环境持续优化，四季度民营企业对政府支持满意度指数和市场开放度指数均在高位运行，分别为65.8%、62.2%，比上季度上升了0.7个、0.1个百分点。

政府支持力度加大，生产经营稳中向好，企业对未来发展也更有信心。四季度生产总量指数、销售量指数和产品销售价格指数分别为56.5%、55.0%和51.5%，均运行在景气区间，表明企业生产销售情况较好，产品价格稳中趋

图 2.3　湖北省民营经济景气指数走势图

升。民营企业家信心指数为 55.7%，比上季度上升了 0.2 个百分点。从全年走势看，企业家信心指数虽比上年有所回落，但连续 8 个季度在景气区间运行，一季度到三季度从 58.1% 下降到 55.5%，四季度扭转了下降势头，筑底回升至55.7%。2017—2018 年湖北省民营企业家信心指数走势如图 2.4 所示。

图 2.4　湖北省民营企业家信心指数走势图

3. 投资保持高位增长，盈利能力有所好转

四季度，湖北省民营经济固定资产投资指数为 58.3%，连续 8 个季度在景气区间运行。在继上年固定资产投资指数从一季度 58.6% 上升到四季度 60.1% 后，今年固定资产投资指数总体呈回落态势，全年二季度回落最大，比一季度回落了 2.0 个百分点，但在一系列促进民营经济投资的政策措施指引下，三季度反弹了 0.3 个百分点，四季度以 58.3% 收官，全年四季度比一季度回落 1.6 个百分点。2017—2018 年湖北省民营经济固定资产投资指数走势如图 2.5 所示。

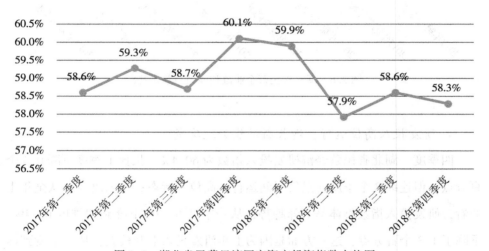

图 2.5 湖北省民营经济固定资产投资指数走势图

随着供给侧结构性改革的深入推进，原材料供应市场进一步趋稳，四季度原材料及燃料供应状态指数为 62.3%，比上季度上升了 7.3 个百分点，在此影响下，四季度原材料及燃料购进价格指数比 2017 年上升了 3.6 个百分点，表明原材料价格有所下降。同时在政府"降成本"真金白银的政策利好下，企业的盈利指数上升到近两年来的峰值，达到 46.4%，虽然仍低于 50% 荣枯线水平以下，但 2018 年整体水平高于上年，并处于上升势头。2017—2018 年湖北省民营企业盈利能力指数走势如图 2.6 所示。

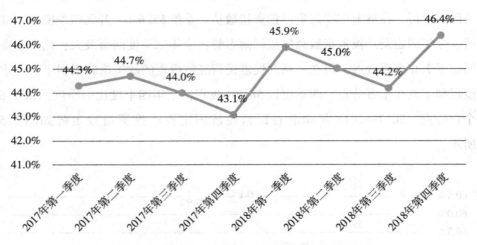

图 2.6 湖北省民营企业盈利能力指数走势图

4. 研发投入高位运行，增长新动能加速集聚

四季度，湖北省民营经济研发投入指数为 60.4%，虽比上季度下降 0.4 个百分点，但连续 8 个季度在景气区间运行，高位运行态势并未改变。从全年走势看，研发投入指数整体呈下降趋势，从一季度 61.7% 下降到四季度 60.4%，下降了 1.3 个百分点，这一方面是因为上年研发投入上升较大，从一季度到四季度上升了 3.0 个百分点，造成基数较大；另一方面也跟民营企业投资回落有关。2017—2018 年湖北省民营企业研发投入指数走势如图 2.7 所示。

近年来湖北省加快转型升级步伐，培育新产业，打造新动能。四季度，湖北省民营经济战略新兴产业景气指数为 53.8%，"互联网+"企业景气指数为 53.5%，比总景气指数分别高 0.9、0.6 个百分点。表明湖北省民营企业积极推进转型升级，增长新动能正在加速集聚。

5. 区域协调性不断增强，多级发展协同并进

近年来，湖北省委、省政府高度重视"多极发展"新格局培育，汇聚荆

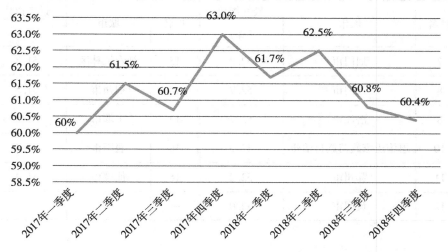

图 2.7　湖北省民营企业研发投入指数走势图

楚共建支点的强大合力，多极带动，多点突破，区域经济发展协调性增强。四季度，全省各地市州景气指数均在荣枯线（50%）上运行，表明各地区民营经济发展均处于景气状态。武汉发挥龙头带动作用，民营经济景气指数为 54.5%，位于全省之首；武汉、随州、咸宁、黄石、宜昌、孝感 6 个城市景气指数高于总指数，经济运行势头较好。四季度湖北省分地区民营经济景气指数如表 2.5 所示。

表 2.5　　　　　　　　四季度湖北省分地区民营经济景气指数

排名	城市	景气指数 （%）	排名	城市	景气指数 （%）
1	武汉市	54.5	4	黄石市	53.7
2	随州市	54.4	5	宜昌市	53.2
3	咸宁市	53.9	6	孝感市	53.1

续表

排名	城市	景气指数（%）	排名	城市	景气指数（%）
7	荆门市	52.8	13	神农架林区	51.8
8	天门市	52.7	14	荆州市	51.5
8	潜江市	52.7	14	十堰市	51.5
10	恩施土家族苗族自治州	52.3	16	襄阳市	51.4
11	鄂州市	52.2	16	仙桃市	51.4
12	黄冈市	52.0	—		

（二）民营经济发展面临的主要问题

2018 年，湖北省民营经济发展的势头总体较好，但还存在一些问题需要引起高度关注。

1. 融资难问题未得到根本性缓解

四季度，融资难易度指数虽比上季度上升 0.1 个百分点，但全年指数在 39% 附近波动，较大低于 50% 荣枯线水平。与此同时，流动资金指数为 43.7%，比上季度下降了 1.8 个百分点。表明湖北省民营企业融资难问题尚未得到根本性缓解，资金链比较紧张。近两年，融资难易度和流动资金指数都在 50% 荣枯线水平以下运行，流动资金指数运行得比较平缓，表明湖北省民营企业流动性资金风险尚处于可控范围。但是融资难易度由于受政策影响较大，出现了一定的波动，2018 年二季度在"资管新规"的影响下，融资难易度指数下降到全年最低，达到 38.7%，然后企稳至四季度 39.1%。2017—2018 年湖北省民营企业融资难易度指数与流动资金指数走势如图 2.8 所示。

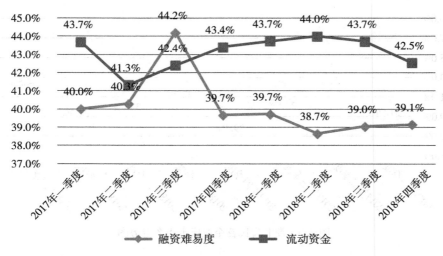

图 2.8 湖北省民营企业融资难易度指数与流动资金指数走势图

2. 企业运行压力不断加大

企业运行压力主要来自两个方面：一是高成本问题尚未得到完全解决；二是市场竞争非常激烈，挤压了企业的生存和发展空间。四季度，生产成本指数为 34.5%、劳动力成本指数为 36.1%，虽比上季度分别上升了 3.2 个、1.5 个百分点，但仍在不景气区间运行。从全年走势看，成本指数运行平稳，呈上升趋势，总体水平高于上年，四季度达到近两年峰值，表明企业生产成本有所好转。但是应该看到，生产成本指数近两年来从未超过 35%，大大低于 50% 荣枯线水平，表明企业成本高的问题并未得到根本性解决。另一方面，市场竞争程度指数为 28.3%，同样大大低于 50% 荣枯线水平，表明民营企业普遍认为市场竞争非常激烈，这说明湖北省大多数民营企业尚处于价值链低端，产品同质化竞争严重。2017—2018 年湖北省民营企业成本指数走势如图 2.9 所示。

图 2.9　湖北省民营企业成本指数走势图

（三）对 2019 年一季度的预判

湖北省民营经济连续 8 个季度处于景气状态，保持了稳中向好的发展态势。从先行指标看，产品订货量指数为 55.2%，劳动力需求指数为 55.5%，反映企业对下季度景气状况预判的先行趋势指数为 58.0%，反映企业对未来信心的企业家信心指数为 55.6%，均处于景气状态。表明企业对实现 2019 年"开门红"持乐观态度。

2018 年下半年以来，党中央、国务院频繁发声力挺民营经济发展，国家相关部委、湖北省委省政府也出台了一系列政策措施鼓励支持民营经济发展。12 月 19 日至 21 日召开的中央经济工作会议对民营经济支持再加码，从税收、融资、营商环境和人身财产安全等方面提出了诸多举措，体现出党和政府对解决当前民营经济发展难题的坚定信心，以及落实新举措、新政策的决心。相信在不断的政策利好下，湖北省民营经济会继续保持稳中向好、稳中有进的发展势头，为全省高质量发展奠定坚实基础。

附件 2.5：

2018 年四季度湖北省民营经济景气指数表

景气指数	一级		二级		三级	
	指标	指数	指标	指数	指标	指数
52.9%	民营企业经营状态	47.1%	企业生产状态指数	48.1%	生产总量	56.5%
					流动资金	42.5%
					销售量	55.0%
					劳动力成本	36.1%
					产品销售价格	51.5%
					产成品库存	46.9%
			企业盈利能力指数	46.4%	原材料及燃料供应状态	62.3%
					生产成本	34.5%
					应收未到期货款	44.5%
					原材料及燃料购进价格	36.2%
					企业盈亏状况	54.7%
	民营企业先行趋势指数	58.0%	民营企业先行指数	56.4%	产品订货量	55.2%
					劳动力需求	55.5%
					固定资产投资	58.3%
			创新投入指数	60.4%	企业研发投入	60.4%
	民营企业家信心指数	55.7%	企业家当前信心指数	64.7%	企业当前信心	64.1%
					行业当前信心	65.4%
			企业家对企业未来发展乐观指数	53.8%	预计回答有信心（上升）平均比率比下降比率	53.8%
			营商环境指数	49.2%	市场开放度	62.2%
					法律公平度	64.6%
					融资难易度	39.1%
					政府支持民营企业的满意度	65.8%
					市场竞争程度	28.3%
					制度成本	34.9%

第三篇
湖北省民营企业百强发展调研报告

一、湖北省民营企业百强发展调研总报告

2018 年，湖北省委省政府坚持以习近平新时代中国特色社会主义思想为指导，深入贯彻落实习近平总书记视察湖北重要讲话精神和在民营企业座谈会上的重要讲话精神，积极适应和把握经济新常态，深化供给侧结构性改革，着力推动民营经济高质量发展，全省民营经济保持"总体平稳，稳中向好"的发展势头，为全省经济稳健运行提供了重要支撑。

（一）民营企业百强运行主要特点

1. 整体规模持续壮大

2018 年湖北省民营企业百强营业收入总额达到 10832.09 亿元，比 2017 年增长 10.7%；资产总额达到 11260.68 亿元，比 2017 年增长 42.1%；纳税总额达到 390.72 亿元，比 2017 年增长 21.5%（见表 3.1）。

表 3.1　　　　　　　**2018 年湖北省民营企业百强主要指标**

	2018 年	2017 年	增长率（%）
营业收入总额（亿元）	10832.09	9785.43	10.7

续表

	2018 年	2017 年	增长率（%）
资产总额（亿元）	11260.68	7926.95	42.1
纳税总额（亿元）	390.72	321.46	21.5

一是入围门槛继续提升。2018 年，湖北省民营企业百强入围门槛营业收入达到 21.40 亿元，较 2017 年上涨了 12.0%，增长了 2.29 亿元，表明全省民营企业百强的规模呈稳步上升态势（见表 3.2）。

表 3.2　　　　2016—2018 年湖北省民营企业百强入围门槛情况

年度	入围门槛（亿元）	增长率（%）
2016 年	18.01	9.0
2017 年	19.11	6.1
2018 年	21.40	12.0

二是营业收入平稳增长。2018 年，全省民营企业百强营业收入总额达 10832.09 亿元，比上年增长 10.7%，但增速比上年降低 12.2 个百分点，增长势头减缓（见图 3.1）。

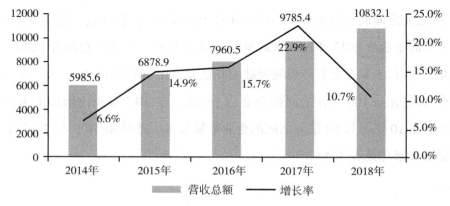

图 3.1　近五年湖北省民营企业百强营收情况变动图（单位：亿元）

三是资产规模显著扩大。2018年，全省民营企业百强的资产总额达到11260.68亿元，突破10000亿元大关。资产总额增长率在2016年和2017年都有所降低，但在2018年得到显著提升，比上年同期增长42.1%。企业资产规模总体呈快速扩大趋势（见图3.2）。

图 3.2　近 5 年湖北省民营企业百强资产情况变动图（单位：亿元）

四是大型企业数量上升。从营业收入看，2018年营业收入总额超过100亿元的企业有27家，相比2017年增加了2家；营业收入总额在50亿元至100亿元之间的企业由2017年的21家增至25家；营业收入总额在20亿元至50亿元之间的企业由2017年的51家减至48家；营业收入总额在20亿元以下的企业由2017年的3家减至零（见表3.3）。从资产总额看，2018年湖北省共有21家企业资产总额突破100亿元，比2017年增加4家；资产规模在50亿元与100亿元之间的企业为16家，与2017年相比增加1家；资产总额在10亿元与50亿元之间的企业数量最多，达到45家，与2017年相比增加1家（见表3.4）。

表 3.3　　　　2016—2018 年湖北省民营企业百强营业收入结构表

营业收入总额标准 （亿元）	2018 年企业数量 （家）	2017 年企业数量 （家）	2016 年企业数量 （家）
≥100	27	25	22
≥50<100	25	21	20
≥20<50	48	51	52
<20	0	3	6

表 3.4　　　　2016—2018 年湖北省民营企业百强资产总额结构表

资产总额标准 （亿元）	2018 年企业数量 （家）	2017 年企业数量 （家）	2016 年企业数量 （家）
≥100	21	17	13
≥50<100	16	15	11
≥10<50	45	44	45
<10	18	24	31

2. 发展质量稳步提升

一是服务业比重不断提高。从入围企业数量看，湖北省共有 26 家服务业企业入围百强，比上年增加 5 家，增长幅度达到 23.8%（见表 3.5）。从入围企业营业收入和资产总额看，入围百强的服务业企业营业收入总额 3097.63 亿元，占比达到 28.6%；资产总额有 4953.71 亿元，占比达到 44.0%，意味着服务业企业以不到三分之一的数量创造了将近 30% 的营业收入和超过 40% 的资产总额（见表 3.6）。

表 3.5   **2016—2018 年湖北省民营企业百强产业分布**

产业	企业数量（家）		
	2018 年	2017 年	2016 年
第一产业	0	0	2
第二产业	70	73	79
第三产业	26	21	12

注：综合产业未归入计算

表 3.6   **2018 年湖北省民营企业百强产业分布**

产业	入围企业数量		营业收入总额		资产总额	
	数量（家）	占比	总额（亿元）	占比	总额（亿元）	占比
第一产业	0	0	0	0	0	0
第二产业	70	70.0%	6321.53	58.4%	4638.68	41.2%
第三产业	26	26.0%	3097.63	28.6%	4956.71	44.0%

注：综合产业未归入计算

    二是新产品或新工艺对销售的贡献作用加大。民营企业百强中有 60 家获得由新产品（新服务）或新工艺带来的收益，说明民营企业百强中有超过一半的企业能够获得由新产品（新服务）或新工艺带来的收益。其中，收入占比超过 50% 的企业有 12 家，相比上一年增加 1 家，上升 9.1%；收入占比在 30%～50% 之间的企业有 7 家，与上一年持平；收入占比在 10%～30% 之间的企业有 23 家，相比上一年增加 1 家；收入占比小于 10% 的企业有 18 家，相比上一年减少 1 家，下降 5.3%（见表 3.7）。

表 3.7　　　　**2017—2018 年民营企业百强新产品或采用新工艺情况**

新产品（新服务）或采用新工艺带来的 销售收入占当年主营业务收入的比重	企业数量（家）	
	2018	2017
≥50%	12	11
≥30%<50%	7	7
≥10%<30%	23	22
<10%	18	19
总计	60	59

3. 创新能力持续增强

2018 年，民营企业百强在企业创新投入和获得政府支持资金与 2017 年基本持平、略有下降的情况下，企业创新能力进一步增强，具体表现在：商标和专利数量快速增长，核心技术能力进一步增强，企业创新途径增加。

一是企业创新投入较大。从研发人员数量看，研发人员占员工人数超过 10% 的企业有 29 家，相较去年减少 1 家，占实际填写企业数的 38.7%；在 3% 到 10% 之间的企业有 27 家，较去年增加 6 家，占实际填写企业数的 36.0%；在 1% 到 3% 之间的企业数有 12 家，较去年减少 1 家，占实际填写企业数的 16.0%（见表 3.8）。

表 3.8　　　　**2018 年湖北省民营企业百强研发人员占比情况**

占比结构	2018		2017	
	研发人员占比	占实际填写 企业数量比	研发人员占比	占实际填写 企业数量比
≥10%	29	38.7%	30	40.5%
≥3%<10%	27	36.0%	21	28.4%
≥1%<3%	12	16.0%	13	17.6%
<1%	7	9.3%	10	13.5%
总计	75	—	74	—

从研发投入方向看，湖北省民营企业百强研发投入主要集中于工艺或流程改进、新材料或新技术开发两大方面。以工艺或流程改进为研发投入重点方向的企业数量为 66 家，比 2017 年增加 2 家。以新材料或新技术开发为重点方向的企业数量为 50 家，比 2017 年减少 1 家。表明湖北省民营企业技术研发投资重点仍着重于解决企业发展中的现实技术问题，而对企业长远发展和对社会有重大影响的基础理论与基础技术研究投入仍处于发展初期，以基础技术研究为重点方向的企业数量为 21 家，比 2017 年减少 2 家。以基础理论研究为重点方向的企业数量为 5 家，与 2017 年保持不变（见表 3.9）。

表 3.9   **2018 年湖北省民营企业百强研发投入方向**

研发投入的 重点方向	2018		2017	
	企业数量 （家）	占实际填写企 业数量比（%）	企业数量 （家）	占实际填写企 业数量比（%）
工艺或流程改进	66	80.5	64	80.0
新材料或新技术开发	50	61.0	51	63.8
基础技术研究	21	25.6	23	28.8
基础理论研究	5	6.1	5	6.3
其他	10	12.2	14	17.5
实际填写企业数	82	—	80	—

从创新重点领域看，2018 年，民营企业百强中有 89 家企业分别从管理、技术、产品和商业模式等方面进行创新。其中，管理创新和技术创新更为广泛，占实际填写企业数比重均为 82.0%，比去年分别增加 6 家和 9 家。企业提高自身的管理效率和技术水平，对于全要素生产率的提高具有重要的促进作用（见表 3.10）。

表 3.10　　　　　**2018 年湖北省民营企业百强创新领域**

创新领域	2018		2017	
	企业数量（家）	占实际填写企业数量比（%）	企业数量（家）	占实际填写企业数量比（%）
管理创新	73	82.0	67	73.6
技术创新	73	82.0	64	70.3
产品创新	57	64.0	53	58.2
商业模式创新	45	50.6	36	39.6
其他	4	4.5	5	5.5
实际填写企业数	89	—	91	—

二是政府支持力度较大。从获得政府科研资金企业数量看，2018 年民营企业百强中有 54 家企业获得政府科研资金支持。其中，政府支持科技资金占企业研发投入的比重介于 10% 到 30% 的企业有 2 家，占比 3.7%；政府支持科技资金占企业研发投入的比重介于 5% 到 10% 的企业有 5 家，占比 9.3%；政府支持科技资金占企业研发投入的比重介于 1% 到 5% 的企业有 27 家，占比 50.0%（见表 3.11）。

表 3.11　　　**2018 年湖北省民营企业百强获得政府资金支持的情况**

政府支持资金占研发费用比重	2018		2017	
	企业数量（家）	占获得资金支持企业数比	企业数量（家）	占获得资金支持企业数比
≥30%	0	0.0%	2	3.8%
≥10%<30%	2	3.7%	2	3.8%
≥5%<10%	5	9.3%	5	9.4%
≥1%<5%	27	50.0%	24	45.3%
<1%	20	37.0%	20	37.7%
政府支持资金企业数	54	—	53	—

三是创新平台加快建立。2018 年，湖北省民营企业百强中，拥有国家级企业技术中心 15 个，国家重点实验室 3 个，国家工程研究中心 2 个，国家工程实验室 2 个，行业重点实验室 6 个（见图 3.3）。

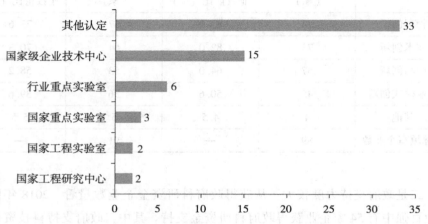

图 3.3　2018 年民营企业百强技术中心、实验室认定情况（单位：家）

2018 年，民营企业百强共与 63 家企业与科研院所、高等院校开展合作。其中有 49 家选择开展项目合作，37 家认为作用很大；有 26 家选择共建研发机构，23 家认为作用很大；8 家选择共建学科专业，5 家认为作用很大（见图 3.4）。

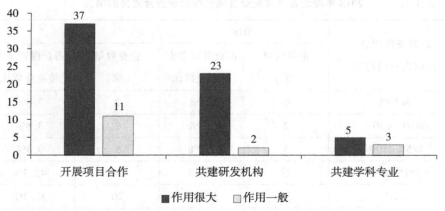

图 3.4　湖北省民营企业百强科研院所、高等院校合作形式（单位：家）

四是商标和有效专利数量快速增长。2018 年，湖北省民营企业百强共拥有国内有效商标注册数量为 4314 个，国外有效商标注册数量为 372 个，马德里国际商标的注册数量为 126 个。至 2018 年年底，湖北省民营企业百强共拥有国内有效专利 5779 项，国内有效专利数量创四年来新高，比 2017 年同期增长 51.88%。拥有国外有效专利 434 项，增长率创四年来新高（见表 3.12）。

表 3.12　　　**2018 年湖北省民营企业百强拥有商标和有效专利情况**

年份	国内有效专利（项）	增长率	国外有效专利（项）	增长率
2015	1633	6.20%	20	5.30%
2016	2469	51.20%	46	130.00%
2017	3805	54.10%	36	−21.70%
2018	5779	51.88%	434	1231.57%

2018 年湖北省民营企业百强中，武汉华星光电技术有限公司以 1094 项国内外有效专利位居榜首，三环集团有限公司和湖北京山轻工机械股份有限公司分别以 590 项和 530 项分居国内外有效专利数量第二、三位（见表 3.13）。

表 3.13　　　**2018 年湖北省民营企业百强国内外有效专利数量前五的企业**

企业名称	所属行业	所在市	有效专利数量（项）
武汉华星光电技术有限公司	C39 计算机、通信和其他电子设备制造业	武汉市	1094
三环集团有限公司	C36 汽车制造业	武汉市	590
湖北京山轻工机械股份有限公司	C35 专用设备制造业	荆门市	530
骆驼集团股份有限公司	C38 电气机械和器材制造业	襄阳市	386
黄石东贝机电集团有限责任公司	C34 通用设备制造业	黄石市	363

2018 年湖北省民营企业百强自有商标产品占总收入比例 100% 的企业有 40 家，在 60% 到 100% 之间的企业有 15 家，在 30% 到 60% 之间的企业有 3 家，与 2017 年的占比情况基本相同，说明企业自有商标产品带来的收益逐渐体现并且较为稳定（见表 3.14）。

表 3.14　　　　**2018 年湖北省民营企业百强自有商标产品占总收入比例**

自有商标产品占总收入比例	= 100%	≥60%<100%	≥30%<60%	<30%	总计
企业数量	40	15	3	17	75

五是核心技术能力进一步增强。2018 年湖北省民营企业百强关键技术来源于自主开发与研制的企业数量有 68 家，占实际填写企业数的 73.12%；关键技术来源于引进人才的企业数量有 61 家，占实际填写企业数的 65.59%；关键技术来源于产学研合作的企业数量有 46 家，占实际填写企业数的 49.46%；关键技术来源于引进技术的企业数量有 44 家，占实际填写企业数的 47.31%（见表 3.15）。

表 3.15　　　　**2018 年湖北省民营企业百强关键技术来源情况**

关键技术来源	企业数量（家）	占实际填写企业数比
自主开发与研制	68	73.12%
引进人才	61	65.59%
产学研合作	46	49.46%
引进技术	44	47.31%
企业合资	8	8.60%
并购企业	6	6.45%
模仿	4	4.3%
其他	7	7.53%
实际填写企业数	93	—

六是企业创新发展途径增加。2018年湖北省民营企业百强中与互联网融合发展的企业有75家，占实际填写企业数的86.2%；其中采用产品智能化发展方式的企业有41家，占实际填写企业数的47.1%；采用网络化协同创新发展方式的企业有37家，占实际填写企业数的42.5%；采用工业企业服务化转型发展方式的企业有26家，占实际填写企业数的29.9%（见表3.16）。

表3.16 **2018年湖北省民营企业百强与互联网融合发展内容**

互联网融合发展途径	企业数量（家）	占实际填写企业数比
智能化生产	41	47.1%
网络化协同创新	37	42.5%
工业企业服务化转型	26	29.9%
产品智能化	20	23.0%
个性化定制	19	21.8%
建立双创服务平台	15	17.2%
都没有	12	13.8%
实际填写企业数	87	—

4. 运行风险总体可控

全省民营企业虽然面临中美贸易战带来的市场环境风险，部分企业面临股权质押或盲目扩张带来的企业经营风险，但是百强企业运行风险总体可控，减税降费的成效显著。

从规模以上民营工业企业来看，随着湖北去杠杆政策措施深入实施，制造业去杠杆成效明显。2018年，全省规模上工业资产合计39895.1亿元，较2017年增长9.3%；负债合计20307.7亿元，较2017年增长4.7%；资产负债率50.9%，较2017年下降2.2个百分点，低于全国5.6个百分点。从民营上市公司看，根据国泰君安数据库相关数据统计，截至2018年3月底，剔除银行、非银金融、中石化、中石油等企业，A股3424家上市公司整体负债率为

61.0%，而湖北在 A 股上市的企业总体负债率为 63.4%。其中湖北民营上市企业负债率为 62.7%，低于湖北上市企业总负债率，也低于 70.0%警戒线。

2018 年，湖北省民营企业百强中有 88 家企业采取各种措施防范化解风险，占民营企业百强的 88.0%。其中采取优化资产结构的企业 62 家，占已采取防范风险措施企业的 70.5%；专注实体经济的企业 62 家，占已采取防范风险措施企业的 70.5%；采取降低财务杠杆，提高直接融资比重，减少融资成本与债务负担的企业 55 家，占已采取防范风险措施企业的 62.5%；采取其他措施的企业 8 家，占已采取防范风险措施企业的 9.1%（见表 3.17）。

表 3.17　**2018 年湖北省民营企业百强防范化解重大风险采取的措施类型**

防范化解重大风险措施	企业数量（家）	占采取防范化解风险措施企业的比例（%）
优化资产结构	62	70.5
专注实体经济	62	70.5
降低财务杠杆	55	62.5
其他	8	9.1
总计	88	—

5. 纳税贡献继续加大

从纳税总额看，2018 年湖北省民营企业百强纳税达到 390.73 亿元，相比增长 23.0%，增速比 2017 年上升 0.9 个百分点，增速仍保持上升趋势（见图 3.5）。

从纳税结构看，2018 年，湖北省民营企业百强纳税规模在 20 亿元以上的企业有 3 家，比去年增加 1 家；纳税规模在 10 亿元至 20 亿元的企业由 2017 年的 7 家增至 8 家；纳税规模在 1 亿元至 10 亿元的企业由 2016 年的 48 家增至 59 家。从整体上看，2018 年湖北省民营企业百强纳税规模较去年有了较大的提升（见表 3.18）。

图 3.5 2015—2018 年湖北省民营企业百强纳税情况统计（单位：亿元）

表 3.18 **2017—2018 年湖北省民营企业百强纳税结构**

缴税总额（亿元）	2018 年（家）	2017 年（家）
≥20	3	2
≥10<20	8	7
≥1<10	59	48
<1	30	43

6. 企业治理不断完善

一是现代企业制度加快完善。调研数据显示，绝大部分民营企业百强已建立现代化企业制度，2018 年湖北省民营企业百强已建立现代化企业制度的企业数量为 97 家，占实际填报企业数量的 100.0%（见表 3.19）。

表 3.19 **2018 年湖北省民营企业百强现代企业制度建立情况**

是否建立现代企业制度	企业数量（家）
已建立现代企业制度	97
未建立现代企业制度	0
实际填报企业数量	97

二是党建在民营企业公司治理中地位和作用仍然显著。民营企业百强中有
82 家设立党组织，占实际填报企业数量的 88.2%；有 76 家企业设立工会，占
实际填报企业数量的 81.7%（见表 3.20）。

表 3.20　　　**2018 年湖北省民营企业百强基层党组织和工会建设情况**

基层党组织和工会建设情况	企业数量（家）	占实际填报企业数量比
设立党组织	82	88.2%
设立工会	76	81.7%
都没有	3	3.2%
实际企业填报数量	93	—

三是依法治企工作持续推进。2018 年，全省民营企业百强法制建设情况
良好，有 93 家企业已执行现代企业制度以确保依法决策、民主决策、科学决
策；有 91 家企业已形成讲法治、讲规则、讲诚信的企业法治文化；有 87 家企
业已建立健全风险控制系统和防范机制；有 84 家企业已推进厂务公开和民主
管理（见表 3.21）。

表 3.21　　　**2018 年湖北省民营企业百强建设法治企业进展情况**

进展名称	企业数量（家）	占百强比例	占实际填报企业数量比
已执行现代企业制度，确保依法决策、民主决策、科学决策	93	93.0%	96.9%
已形成讲法治、讲规则，讲诚信的企业法治文化	91	91.0%	94.8%
已建立健全合同审核、决策论证等相关环节法律风险控制体系和预警防范机制	87	87.0%	90.6%

续表

进展名称	企业数量（家）	占百强比例	占实际填报企业数量比
已推进厂务公开和民主管理，妥善处理劳动协议，在法治框架内构建和谐劳动关系	84	84.0%	87.5%
实际企业填报数量	96	——	——

在企业内部法律机构设置方面，常设法务部门和常年聘请法律顾问两种形式是民营企业处理自身法律事务的主要方式。2018年，有60家聘请常年法律顾问，占实际填报企业数量的63.16%；湖北省民营企业百强中有60家设立了法务部等专设法律机构，占实际填报企业数量的63.16%；有10家没有专门的机构，但有专职法律员工，占实际填报企业数量的10.5%。通过数据可以看出，拥有法务部等专设法律机构的民营企业数量增加，但聘请常年法律顾问和设有专职法律员工的企业仍占有较大比重（见表3.22）。

表3.22   **2018年湖北省民营企业百强法律机构设置情况**

法律机构设置	企业数量（家）	占实际填报企业数量比
聘请常年法律顾问	60	63.16%
有法务部等专设法律机构	60	63.16%
没有专门的机构，但有专职法律员工	10	10.5%
以上情况都没有	2	2.1%
实际填报企业数量	95	——

2018年，在法律纠纷处理上，民营企业百强共有85家仍以协商解决为主要解决方式，占实际填报企业数量的88.54%；到法院进行调解、仲裁和起诉

的企业分别为 82 家、78 家、79 家，分别占实际填报企业数量的 85.42%、81.25% 和 82.29%；通过行政途径进行处理的企业有 42 家，占实际填报企业数量的 43.75%（见表 3.23）。

表 3.23   **2018 年湖北省民营企业百强法律纠纷处理渠道**

法律纠纷处理渠道	企业数量（家）	占实际填报企业数量比
通过协商解决	85	88.54%
调解	82	85.42%
仲裁	78	81.25%
到法院起诉	79	82.29%
通过行政途径	42	43.75%
托关系、找门路	1	1.0%
其他	1	1.0%
实际企业填报数量	96	—

2018 年，全省民营企业百强对员工权益的保护情况仍然较好。与员工签订书面劳动合同占职工总数 100% 的企业有 86 家，相比 2017 年增加了 2 家。企业员工参加养老保险、医疗保险、失业保险、工伤保险和生育保险人数占职工总数 100% 的企业数量与 2017 年相比基本持平。2018 年民营企业百强对员工权益的保护情况见表 3.24。

表 3.24   **2018 年湖北省民营企业百强员工权益保护情况**

类别	占职工总数 100%		占职工总数 60% 及以上		占职工总数 60% 以下		实际填报企业数量	
	2018 年	2017 年	2018 年	2017 年	2018 年	2017 年	2018 年	2017 年
企业员工参加养老保险人数	74	76	19	19	1	1	94	96

续表

类别	占职工总数 100%		占职工总数 60%及以上		占职工总数 60%以下		实际填报 企业数量	
	2018 年	2017 年	2018 年	2017 年	2018 年	2017 年	2018 年	2017 年
企业员工参加医疗保险人数	74	77	18	18	1	1	93	96
企业员工参加失业保险人数	74	77	19	18	1	1	94	96
企业员工参加工伤保险人数	76	82	17	13	1	1	94	96
企业员工参加生育保险人数	72	74	18	20	1	1	94	96
与员工签订书面劳动合同	86	84	8	11	0	1	91	95

7. 社会责任积极履行

一是社会责任意识较强。2018 年湖北省民营企业百强有 39 家企业发布了社会责任报告，占实际填报企业数量的 42.4%。此外，有 82 家企业参与社会捐赠，占百强企业的 82.0%；有 71 家企业参与"千企帮千村"精准扶贫，占百强企业的 71.0%（见表 3.25、表 3.26）。

表 3.25　　**2018 年湖北省民营企业百强社会责任报告披露情况**

社会责任报告披露情况	企业数量（家）	占实际填报企业数量比
发布社会责任报告	39	42.4%
实际企业填报数量	92	—

表 3.26　　　**2018 年湖北省民营企业百强参与社会捐赠与扶贫开发情况**

参与社会捐赠与	2018 年		2017 年	
扶贫开发情况	企业数量（家）	占百强比例	企业数量（家）	占百强比例
参与社会捐赠	82	82.0%	87	87.0%
参与扶贫开发	71	71.0%	72	72.0%

　　2018 年湖北省民营企业百强中有 71 家企业已参与精准扶贫，占实际填报企业数量的 85.5%。从企业参与精准扶贫的方式上看，产业的应用最为广泛，有 43 家企业参与；其次是就业扶贫，有 37 家企业参与。此外，还有教育扶贫、市场扶贫和技术扶贫的方式，分别有 30 家、18 家和 16 家企业参与（见表 3.27、图 3.6）。

表 3.27　　　　**2018 年湖北省民营企业百强参与精准扶贫情况**

	企业数量（家）	占实际填报企业数量比（%）
已参加精准扶贫	71	85.5%
尚未参与，但有参与意向	6	7.2%
既未参与，也无参与意向	6	7.2%
实际企业填报数量	83	—

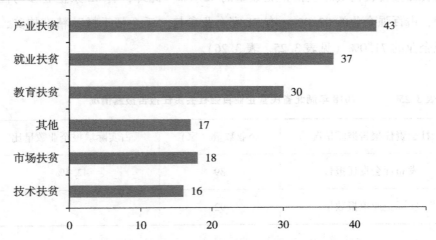

图 3.6　2018 年湖北省民营企业百强参与精准扶贫方式（单位：家）

　　二是积极对接国家发展战略。2018 年湖北省民营企业百强中有 54 家企业已参加乡村振兴战略，占实际填报企业数量的 69.2%。打算参与乡村振兴战略的企业有 12 家，占实际填报企业数量的 15.4%。调研表明，以农村精准脱贫项目投资的方式参与乡村振兴战略的企业达到 46 家，以农村基础设施建设和农村生态建设的方式参与乡村振兴战略的企业分别有 21 家和 16 家（见表 3.28、图 3.7）。

表 3.28　　　　　　**2018 年湖北省民营企业百强参与乡村振兴战略情况**

参与乡村振兴战略情况	企业数量（家）	占实际填报企业数量比（%）
已参加乡村振兴战略	54	69.2%
尚未参与，但有参与意向	12	15.4%
既未参与，也无参与意向	12	15.4%
实际企业填报数量	78	—

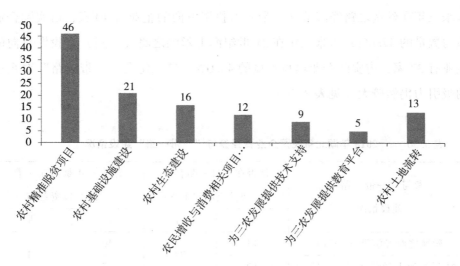

图 3.7　湖北省民营企业百强参与乡村振兴战略方式（单位：家）

2018 年湖北省民营企业百强中有 3 家企业参与贯彻国防要求的基础设施建设，3 家企业参与武器装备科研生产维修，8 家企业参与军队后勤保障。在未参与军民融合发展的企业中，有 27 家企业有意愿在日后参与进来，民营企业参与军民融合的行动和意愿较强（见表 3.29）。

表 3.29　　　　　**2018 年湖北省民营企业百强参与军民融合情况**

参与军民融合情况	参与军民融合发展			未参与军民融合发展	
	贯彻国防要求的基础设施建设	武器装备科研生产维修	军队后勤保障	今后有意愿参加	今后仍无意愿参加
企业数量（家）	3	3	8	27	49

2018 年湖北省民营企业百强中有 14 家企业在丝绸之路经济带（一带）有投资项目或承包工程，占实际企业填写数量的 16.1%；有 12 家在 21 世纪海上丝绸之路（一路）有投资项目或承包工程，占实际企业填写数量的 13.8%。未来三年在丝绸之路经济带（一带）有投资意向的企业有 40 家，占实际企业填写数量的 47.6%；未来三年在 21 世纪海上丝绸之路（一路）有投资意向的企业有 37 家，占实际企业填写数量的 44.0%。参与建设"一带一路"对企业的吸引力仍然较大（见表 3.30）。

表 3.30　　　　**2018 年湖北省民营企业百强参与"一带一路"建设情况**

参与"一带一路"建设情况	是否在一带一路有投资项目或承包工程		未来三年是否在一带一路有投资意向	
	是	否	是	否
丝绸之路经济带（一带）	14	72	40	41
21 世纪海上丝绸之路（一路）	12		37	
实际企业填写数量	87		84	

（二）民营企业百强运行主要存在的问题

新时代、新使命、新征程。湖北省民营经济正在迈向高质量发展的新阶段，也处于爬坡过坎的关键时期。当前民营企业在发展中遇到了一些困难和问题，主要表现在以下方面：

1. 转型升级步伐有待加快

从全省民营企业百强行业分布看，批发业和建筑业两大行业贡献了 37.2% 的营业收入，共 30 家企业入围百强，其中批发业入围企业数为 8 家，营业收入占比为 17.0%，建筑业入围企业数 22 家，营业收入占比为 20.2%。综合产业、酒饮料和精制茶制造业、医药制造业入围百强企业数分别为 4、3、5 家，营业收入占百强比重分别为 13.0%、6.3%、5.2%。服务业中仅有保险业 3 家企业入围，营业收入占比为 4.9%。制造业中，电气机械和器材制造有 2 家企业入围，营业收入占比为 2.5%，而黑色金属冶炼压延加工业、化学原料化学制品制造业、农副食品加工业分别有 5、4、3 家入围，营业收入占比分别为 2.5%、2.8%、0.9%，均进入营业收入十强行业（见表 3.31）。

表 3.31　**2018 年湖北省民营企业百强十大行业分布（按营业收入排序）**

行业名称	入围企业数		营业收入		资产总额	
	数量（家）	占百强比（%）	总额（亿元）	占百强比（%）	总额（亿元）	占百强比（%）
建筑业	22	22	2190.99	20.2	593.59	5.3
批发业	8	8	1843.21	17.0	966.42	8.6
综合产业	4	4	1412.93	13.0	1665.30	14.8
酒饮料和精制茶制造业	3	3	677.43	6.3	616.17	5.5
医药制造业	5	5	561.51	5.2	1388.38	12.3
保险业	3	3	534.77	4.9	2852.74	25.3
化学原料化学制品制造业	4	4	300.36	2.8	260.12	2.3

续表

行业名称	入围企业数		营业收入		资产总额	
	数量 （家）	占百强比 （%）	总额 （亿元）	占百强比 （%）	总额 （亿元）	占百强比 （%）
电气机械和器材制造业	2	2	273.66	2.5	132.21	1.2
黑色金属冶炼压延加工业	5	5	272.26	2.5	126.78	1.1
农副食品加工业	3	3	99.42	0.9	19.92	0.2

2. 创新驱动发展有待加强

一是创新人才不足。2018 年湖北省工商联营商环境问卷调查显示，湖北省民营企业反映最突出的问题是招才引智难。从全省的民营企业百强参与"走出去"和"一带一路"建设遇到的困难情况来看，有 36 家企业认为缺人才是该问题的内因之一，占实际企业填写数量的 60.0%（见表 3.32）。

表 3.32　　　　**2018 年湖北省民营企业百强参与"走出去"和**
"一带一路"建设遇到的困难情况（内因）

企业参与"走出去"和"一带一路"建设 遇到的困难情况（内因）		企业数量（家）	占实际填报 企业数量比
缺资金		26	43.3%
缺人才	国际经营管理人才	19	31.7%
	专业技术人才	17	28.3%
对东道国政策、投资环境、市场信息了解不够		26	43.3%
本土化经营能力不足		15	25.0%
缺乏境外自我保护和维权能力		13	21.7%
产品或服务缺乏竞争力		6	10.0%
投资的战略规划不够		10	16.7%
实际企业填写数量		60	—

二是创新投入规划不长远。缺乏对企业长远发展和对社会有重大影响的基础理论与基础技术研究投入。截至 2018 年 9 月，全省 158 家省级重点实验室中，民营企业主导或参与建设的不到 10 家。2019 年 2 月新认定的 157 家省级工程技术研究中心中，由民营企业主导或参与建设的不到 50 家，占比不足 1/3。

三是科技成果转化不足。近年来，湖北省民营企业与高等院校、科研院所等都开展了较为密切的合作，但科技成果并不明显，高校研发创新与企业之间的对接不足，仍有相当一部分企业认为与科研院所、高等院校等的合作作用一般，"产学研"并未真正有效促进企业的发展。在 2018 年湖北省民营企业百强中，认为开展项目合作、共建学科专业对企业发展作用一般的企业占比较 2017 年有明显下降（见表 3.33），这可能与科技成果未能充分转化，未能惠及企业创新发展有关。

表 3.33　　　湖北省民营企业百强与科研院所、高等院校合作效果

合作形式	2018 年认为作用一般的企业占比	2017 年认为作用一般的企业占比
开展项目合作	22.4%	14.8%
共建研发机构	7.7%	2.5%
共建学科专业	37.5%	3.7%

3. 龙头企业实力有待提升

2018 年，湖北民营企业百强企业中主营业务收入大于 500 亿元的百强企业只有 4 家，与 2017 年数量相同；主营业务收入在 100 亿~500 亿元之间的企业有 23 家，比 2017 年增加 2 家；主营业务收入在 50 亿~100 亿元之间的企业有 25 家，比 2017 年增加 4 家；主营业务收入小于 50 亿的企业有 48 家，比 2017 年减少 6 家（见表 3.34）。湖北至今没有企业主营业务收入超过 1000 亿元或进入全国民营企业前 50 强。千亿级企业较为缺失，千亿级产业集群尚未

形成,难以促进民营企业形成产业链(群)发展规模经济,不能有效地实现各部门的共赢发展。

表 3.34 **2017—2018 年湖北省民营企业百强主营业务收入分布情况**

主营业务收入（亿元）	企业数量（家）	
	2018	2017
≥500	4	4
≥100<500	23	21
≥50<100	25	21
<50	48	54
总计	100	100

4. 空间发展格局有待优化

从区域分布看,由于发展基础、资源禀赋等原因,"一主两副"城市地位超然,占比较大。在 2018 年入围的湖北省百强民企中,武汉入围企业数目最多,为 63 家,与 2017 年相比增加 5 家;宜昌 6 家,减少 2 家;荆门 6 家,增加 3 家;孝感 5 家,增加 1 家;襄阳 5 家,减少 1 家;黄石 3 家,与 2017 年保持不变;随州 1 家,减少 1 家;荆州 3 家,减少 2 家;咸宁 2 家,与 2017 年保持不变;黄冈 2 家,减少 3 家;十堰 2 家,与 2017 年保持不变;潜江 1 家,与 2017 年保持不变;天门 1 家,增加 1 家;其他城市没有入围企业（见表 3.35）。

表 3.35 **2017—2018 年湖北省民营企业百强地区分布变动情况表**

地区	入围企业（家）		
	2018 年	2017 年	变动情况
武汉	63	58	增加 5 家
宜昌	6	8	减少 2 家

续表

地区	入围企业（家）		
	2018 年	2017 年	变动情况
襄阳	5	6	减少 1 家
荆州	3	5	减少 2 家
黄冈	2	5	减少 3 家
孝感	5	4	增加 1 家
荆门	6	3	增加 3 家
黄石	3	3	无变动
咸宁	2	2	无变动
随州	1	2	减少 1 家
十堰	2	2	无变动
潜江	1	1	无变动
鄂州	0	1	减少 1 家
天门	1	0	增加 1 家
合计	100	100	

"一主两副"营业收入达到 8275.49 亿万元，占百强比重为 76.4%；资产总额达到 7438.56 万元，占百强比重为 66.1%。"一主两副"不断凸显"虹吸效应"，区域发展协调性有待进一步增强（见表 3.36）。

表 3.36 **2018 年湖北省民营企业百强地区分布**

地区	入围企业（家）		营业收入（亿元）		资产总额（亿元）	
	数量	占百强比（%）	总额	占百强比（%）	总额	占百强比（%）
武汉	63	63	7118.49	65.7	6800.14	60.4
襄阳	5	5	359.16	3.3	225.38	2.0
宜昌	6	6	797.84	7.4	413.04	3.7
荆门	6	6	648.34	6.0	2150.17	19.1

续表

地区	入围企业（家）		营业收入（亿元）		资产总额（亿元）	
	数量	占百强比（%）	总额	占百强比（%）	总额	占百强比（%）
荆州	3	3	170. 15	1.6	262. 20	2.3
十堰	2	2	71. 11	0.7	19. 88	0.2
黄冈	2	2	108. 91	1.0	55. 50	0.5
随州	1	1	204. 40	1.9	38. 54	0.3
咸宁	2	2	148. 56	1.4	116. 19	1.0
孝感	5	5	473. 59	4.4	663. 10	5.9
黄石	3	3	209. 46	1.9	398. 98	3.5
天门	1	1	82. 48	0.8	45. 49	0.4
潜江	1	1	439. 60	4.1	72. 06	0.6

（三）促进民营企业发展的对策建议

习近平总书记在民营企业座谈会上指出，当前民营企业遇到的困难和问题，是发展中的困难、前进中的问题、成长中的烦恼，一定能在发展中得到解决。针对湖北省民营经济运行现状，结合当前形势与政策，提出以下促进湖北省民营经济发展的对策建议。

1. 抢抓战略机遇，加快转型升级

全省民营企业要坚持以习近平新时代中国特色社会主义思想为指导，全面贯彻党的十九大和十九届二中、三中全会、中央经济工作会议精神、习近平总书记在民营企业座谈会上重要讲话精神，深入贯彻习近平总书记视察湖北重要讲话精神，认真落实省委决策部署，紧密结合实际，把握长江经济带、"一带一路"、中国（湖北）自贸区建设机遇，把握"一芯驱动、两带支撑、三区协同"区域和产业发展战略机遇，加快促进转型升级。一是立足于湖北省各地产业现状和优势，加快传统产业转型升级，推动经济发展质量变革、效率变革、动力变革，加快形成高质量发展的新动能体系。二是调整优化产业和产品

结构。大力发展以知识、技术、信息、数据等新生产要素为支撑的新技术新产业新业态新模式。三是以高端发展为导向，推动互联网、大数据技术与传统产业整合发展，支持传统产业改造升级，加快民营经济绿色化转型，巩固扩大湖北省民营企业制造业传统优势。

2. 补齐要素短板，强化创新驱动

湖北省民营企业要针对发展中的不足，着力补齐人才、服务等要素短板。一是加强民营企业的培育。探索实施"民营企业培育成长计划路线图"专项工程。着力打造一批规模大、实力强、主业突出、具有自主知识产权和核心竞争力的行业领军人物。二是加强招才引智工作。探索实施"人才强省·服务民企"战略，集聚高层次创新创业人才，重点支持和引进符合湖北省"十大重点产业"发展方向，拥有自主知识产权、带动产业上下游全链条发展、提升产业竞争力的科技创业人才。三是通过招商引资完善产业链。以强化产业链系统布局为动力，进一步加大招商引资力度，着力引进一批国内外知名的大企业、大集团和战略投资者，不断完善湖北省民营经济产业结构。四是充分发挥行业商（协）会的作用。通过行业商（协）会协助政府管理和服务民营经济，为民营企业健康发展提供坚强的组织保证。五是加强科技成果的转化。加强对企业研发投入支持，助力民营企业更多资金投向科技研发，引导和支持有条件的企业创建公共资源共享平台，推动建设更加多样化的创新研发合作平台，推进科技成果省内转化。六是加强对知识产权的保护。打通多方面的壁垒和界限，协同一致地营造出包括承担知识产权登记职责的行政部门、负责知识产权保护的司法部门、活跃的知识产权创造主体诸方组成的良好的健康的知识产权生态。

3. 优化营商环境，强化政策落实

一是持续深化"放管服"改革。简政放权，放管结合，不断优化政务服务环境，大力推广"一门式、一网式"政务服务，健全以"双随机、一公开"为基本手段、以重点监管为补充、以信用监管为基础的新型监管机制。二是落实支持民营经济发展政策。贯彻落实《关于大力支持民营经济持续健康发展的若干意见》等政策，为民营企业营造良好的创新创业环境。三是提高涉企政策民企参与度。在涉企政策制定时广泛征求民营企业意见，以民营企业的获得感，去检验政策落实实效，不断推动政策措施优化。四是加强信用体系建设。完善以信用管理为基础的创业创新监管模式，把民营高科技企业的信用与市场准入、享受优惠、金融信贷政策挂钩；围绕打好"三大攻坚战"，加强重点领域和行业信用建设。五是加快推进全省非公有制企业投诉服务体系建设。搭建网络服务平台、法律专家库，建立工商联主席、副主席轮流接访制度，完善投诉服务中心受理投诉、职能部门承办、有关部门督办的工作流程，着力完善投诉服务功能。六是大力弘扬企业家精神。鼓励广大民营企业家弘扬创新发展、专注品质、追求卓越的精神，敢闯敢试、敢为天下先、敢于承担风险，激发创新活力和创造潜能，在市场竞争中勇立潮头、永不言败。对民营企业合法经营过程中出现的失误给予更多的理解和宽容，让民营企业家放下包袱、轻装上阵。

4. 扩展国际视野，加快"走出去"步伐

一是积极响应国家"一带一路"倡议。抢抓"一带一路"建设重大机遇，聚焦"一带一路"重点地区和重点国家，对接重点行业和重点领域，以行业协会和龙头企业为主体，加强湖北省"走出去"企业联盟建设，全面提升湖北省民营企业与"一带一路"沿线国家经贸合作水平。二是把握湖北自贸区建设的发展机遇。推进贸易便利化和投资自由化改革，进一步降低企业成本。出台促进贸易便利化和投资自由化的改革创新措施，深化税费制度与人才管理制度改革，进一步降低税负和人工成本。三是进一步深化改革开放。加快金融改革创新，加大对"一行三会"的协调力度。制定中国（湖北）自由贸易试验区条例，重点推动涉及跨部门改革事项的落实，探索与"一带一路"沿线国家开展贸易供应链安全与便利合作。大力支持离岸创新创业中心建设。

5. 均衡地区发展，协同城乡发展

一是要增强中心城市辐射带动力。深化区域统筹与合作机制，建立有效的协调机制，健全市场一体发展机制，促进城乡区域要素自由流动。二是提升武汉城市圈和其他城市群功能，瞄准国家绿色发展、乡村振兴、资源枯竭型城市转型发展等重大战略。三是加强全省产业布局的统筹，促进资源要素的跨区域流动，促进基础设施的互联互通，促进大都市、大中小城市和小城镇的链接，有利于发挥中心城市对周边城市和农村地区的辐射带动作用，从而形成区域和城乡协同发展的新格局。

二、湖北省民营企业百强发展调研专题报告

民营企业百强转型升级专题报告

2018 年中美贸易摩擦升级，国内经济面临下行压力，民营企业要实现持续健康发展，就要结合行业发展和企业实际情况，走转型优化升级之路。湖北省民营企业深入贯彻落实中央、省委决策部署，把防范化解重大风险转变为深化改革开放、倒逼转型升级的机遇窗口，转型升级步伐不断加快，去产能、去库存、去杠杆取得积极成效。

（一）做强做大企业的愿望是推动企业转型升级的最主要动因

2018 年，湖北省工商联对全省民营企业百强的转型升级动因情况开展了调查，其中 69.0% 的企业因为做强做大企业的愿望而主动选择转型升级，比 2017 年增加了 27 个百分点，成为推动企业转型升级的最主要动因；41.0% 的企业因为国内经济增长趋缓而走上了转型升级的道路，较 2017 年相比下降了 29 个百分点；因产品技术升级换代而选择转型升级的企业比重由 2017 年的 23.0% 上升至 39.0%，比 2017 年提高了 16 个百分点；因政策支持引导而选择走上转型升级道路的企业比重也由 2017 年的 23.0% 上升至 32.0%，较 2017 年提高了 9 个百分点（见表 3.37）。

表 3.37　　　　**2017—2018 年湖北省民营企业百强转型升级的动因**

转型升级动因	2018 年			2017 年		
	企业数量（家）	占百强比（%）	占实际填报企业比（%）	企业数量（家）	占百强比（%）	占实际填报企业比（%）
国内经济增长趋缓	41	41.0	47.1	70	70.0	80.5
国际市场持续低迷	9	9.0	10.3	39	39.0	44.8
现有模式不可持续	21	21.0	24.1	43	43.0	49.4
成本负担上升	34	34.0	39.1	35	35.0	40.2
行业产能过剩	22	22.0	25.3	30	30.0	34.5
做强做大企业的愿望	69	69.0	79.3	42	42.0	48.3
政策支持引导	32	32.0	36.8	23	23.0	26.4
产品技术升级换代	39	39.0	44.8	23	23.0	26.4
企业生存的压力	35	35.0	40.2	7	7.0	8.1
其他	0	0.0	0.0	3	3.0	3.5
实际填报企业数	87	—	—	87	—	—

（二）原材料成本是影响企业发展最主要的成本因素

2018 年，湖北省工商联对影响全省民营企业百强发展的成本因素开展了调查，结果如表 3.38 所示。其中，原材料成本因素成为 2018 年影响全省民营企业百强发展最主要的成本因素，占实际填报企业比高达 58.6%；超过半数的企业认为缴税负担和融资成本是影响企业发展的重要成本因素；另有接近半数的企业认为工资成本也是制约企业发展的重要成本因素；相比较而言，制度性交易成本和中介服务费在企业发展成本中所占比例较小。由此可见，企业生产经营成本综合压力较大，依然是企业转型升级的瓶颈，其中原材料成本是最主要的成本因素，亟需妥善解决。

表 3.38 **2018 年影响湖北省民营企业百强发展的成本因素**

排名	影响企业发展的因素	企业数量（家）	占百分比（%）	占实际填报企业比（%）
1	原材料成本	51	51.0	58.6
2	缴税负担	48	48.0	55.2
3	融资成本	45	45.0	51.7
4	工资成本	41	41.0	47.1
5	社保成本	34	34.0	39.1
6	物流成本	24	24.0	27.6
7	环境保护成本	24	24.0	27.6
8	能源成本	21	21.0	24.1
9	缴费负担	18	18.0	20.7
10	土地成本	15	15.0	17.2
11	制度性交易成本	10	10.0	11.5
12	中介服务费	2	2.0	2.3
实际填报企业数		87	—	—

（三）聚焦主产业提升核心竞争力

2018 年，湖北省工商联对影响全省民营企业百强转型升级推动方式开展了调查，结果如表 3.39 所示。湖北省民营企业百强转型升级的最主要推动途径为聚焦主产业来提升核心竞争力，其次为严格质量控制来提升产品质量水平。由此可见，湖北省民营企业在政策的支持引导下，打破之前民营企业盲目扩张的局面，结合企业自身实际发展情况，正在通过提升自身产品品质和企业核心竞争力向价值链的高端迈进。此外，依靠管理创新、技术创新和提高现有产品环保性能也是当下民营企业转型升级的重要推动方式，创新是民营企业转型升级的关键一步。相比之下，依靠国际合作来转移产能和合作不是湖北省民营企业百强转型升级的主要推动力。

表 3.39　　　　　　**2018 年湖北省民营企业百强转型升级推动方式**

转型升级推动类型	转型升级推动途径	企业数量（家）	占百强比（%）	占实际填报企业比（%）
依靠产业升级	聚焦主业，提升核心竞争力	79	79.0	88.8
	整合产业链资源，向产业链上下游延伸布局	52	52.0	58.4
	发展生产性服务业，提供制造加服务的整体解决方案	27	27.0	30.3
依靠创新	通过技术创新，提升关键技术水平	63	63.0	70.8
	提高产品附加值，走"专、精、特、新"发展道路	50	50.0	56.2
	实施技术改造和设备升级	52	52.0	58.4
	通过管理创新，提升管理水平，降低成本、提高效率	65	65.0	73.0
依靠质量品牌	严格质量控制，提升产品质量水平	76	76.0	85.4
	参与行业标准制定	42	42.0	47.2
	打造知名品牌，提升市场影响力	64	64.0	71.9
依靠绿色环保	提高现有产品环保性能	64	64.0	71.9
	研发生产绿色产品	31	31.0	34.8
依靠两化融合	运用互联网、大数据、人工智能等技术，发展新业态、新模式	53	53.0	59.6
	推进智能化生产，实现信息化和工业化深入融合	53	53.0	59.6
依靠国际合作	建立国际化销售渠道，拓展国际市场	40	40.0	44.9
	境外投资设厂，面向全球配置要素	8	8.0	9.0
	实施海外并购，增强国际竞争力	10	10.0	11.2
实际填报企业数		89	—	—

（四）积极采取措施去产能、去库存、去杠杆

党的十九大报告强调，坚持去产能、去库存、去杠杆、降成本、补短板，优化存量资源配置，扩大优质增量供给，实现供需动态平衡。对湖北省民营企业百强去产能、去库存、去杠杆的情况开展了调查，结果如表 3.40 所示。

在去产能方面，产能过剩的情况有所缓解，其中 32.0% 的民营企业不属于产能过剩行业；在剩下的企业中，主动转型升级化解过剩产能和尚未实施、但有计划去产能的企业共达到 45%，只有 2.0% 的企业尚未实施，也无实施意向。在去库存方面，库存过大的情况有所改善，有 72.0% 的民营企业百强的库存规模保持合理水平；只有 6.0% 的民营企业百强由于库存规模较大或过大对企业生产经营造成影响和困难。湖北省民营企业在去杠杆方面取得了显著的效果，其中有 41.0% 的企业主动采取措施降低企业杠杆率；29.0% 的企业杠杆率保持合理水平，不需要降低；只有 2.0% 的企业尚未有降低杠杆率的举措，也无实施意向。整体而言，湖北省企业在去产能方面效果显著，大多数企业能够主动或者计划应对产能过剩的问题；湖北省企业在去库存方面取得不错的成绩，只有少数的企业因为库存问题对生产经营产生影响或者造成困难；湖北省企业在去杠杆率方面收获颇丰，超半数的民营企业百强能够主动采取措施降低企业杠杆率或者使杠杆率保持合理水平。

表 3.40　　**2018 年湖北省民营企业百强去产能、去库存、去杠杆情况统计**

	项目	企业数量（家）	占百强比（%）	占实际填报企业比（%）
去产能	主动转型升级化解过剩产能	40	40.0	50.7
	尚未实施，但有计划	5	5.0	6.3
	尚未实施，也无实施意向	2	2.0	2.5
	不属于产能过剩行业	32	32.0	40.5
实际填报企业		79	—	—

续表

	项目	企业数量 （家）	占百强比 （%）	占实际填报 企业比（%）
去库存	库存规模保持合理水平	72	72.0	92.3
	库存规模较大，对生产经营造成影响	1	1.0	1.3
	库存规模过大，生产经营困难	5	5.0	6.4
	实际填报企业	78	—	—
去杠杆	主动采取措施降低企业杠杆率	41	41.0	53.9
	尚未实施，但有计划	4	4.0	5.3
	尚未实施，但也无实施意向	2	2.0	2.6
	企业杠杆率保持合理水平，不需要降低	29	29.0	38.2
	实际填报企业数	76	—	—

民营企业百强走出去专题报告

2018 年，湖北省深入推进扩大国际产能合作、提升投资贸易质量、加强基础设施互联互通、促进投资贸易便利化等工作，湖北省民营企业积极实施"走出去"战略，"走出去"步伐越迈越大，越迈越稳。

（一）百强企业"走出去"规模增大

2018 年，湖北民营企业百强"走出去"的海外雇员在数量上有所增加，企业的海外雇员由 2017 年的 3681 人增加到 2018 年的 4646 人。此外，湖北民营百强企业"走出去"的规模也有所扩展，出口总额有所提升（见表 3.41）。

2018 年，湖北省民营企业百强参与投资海外企业的数量已经达到了 21家，比 2017 年增加 9 家，说明在国家政策扶持下，越来越多的企业有能力而且有意愿来参与并且加深对海外的投资与建设。湖北地处华中腹地，有较强的地理和资源优势，随着湖北完善对接"一带一路"的项目推进机制、金融财税扶持机制、风险防控、工作协调机制和中部崛起政策的实施，湖北省民营企业对"走出去"有了更强的意愿。

表 3.41　　　**2018 年湖北民营企业百强国际贸易和海外经营情况**

类别	参与投资海外企业的企业数量	出口总额（万美元）	海外收入（万美元）	海外雇员（人）
2018 年	21	244870	213165	4646
2017 年	12	154018	215602	3681
增长率	75.0%	59.0%	−1.13%	26.2%

（二）百强企业"走出去"动因分析

与 2017 年相比，湖北省民营企业百强"走出去"的最主要的动因仍然是拓展国际市场，其次是与国际优势资源对接，获取国际技术、人才等企业发展战略要素。优势产能转移也是湖北省民营企业"走出去"的动因之一，优势产能稳步向外转移，这将为湖北省产业结构调整拓展空间。湖北省民营企业百强"走出去"的意愿还包括利用当地劳动力等要素降低产品成本、获取国外原材料等（见表 3.42）。

表 3.42　　　**2018 年湖北民营企业百强"走出去"的主要动因**

序号	主要动因	2018 年关联企业（户）	2017 年关联企业（户）
1	拓展国际市场	51	46
2	获取品牌、技术、人才等战略要素	28	22
3	优势产能转移	19	8
4	获取国外原材料等资源	13	8
5	利用当地劳动力等要素降低产品成本	10	3
6	其他	3	3

注：不包括未填报企业

（三）百强企业"走出去"的主要困难

2018 年，湖北省民营企业百强"走出去"的主要困难来自 3 个方面：对东道国政策、投资环境、市场信息了解不够、金融支持不够和缺乏国际经营管理人才，其次是缺乏专业技术人才、缺少境外投资的统筹协调。对比 2017 年，

表 3.43　　　**2018 年湖北民营百强企业"走出去"的主要困难**

序号	主要困难	2018反馈次数	2017反馈次数	序号	主要困难	2018反馈次数	2017反馈次数
1	对东道国政策、投资环境、市场信息了解不够	26	11	13	投资服务机构不健全	7	5
2	缺乏国际经营管理人才	17	19	14	信息咨询机构不健全	12	7
3	缺乏境外自我保护和维权能力	13	15	15	双重征税	6	4
4	缺乏专业技术人才	15	13	16	外汇管制严格	14	10
5	缺少境外投资的统筹协调	15	9	17	东道国劳工政策或工会影响	5	4
6	金融支持不够	18	11	18	会计服务机构不健全	4	3
7	出入境手续繁琐、不便利	10	4	19	对企业境外投资保护、领事保护不及时不到位	3	1
8	东道国汇率波动	9	6	20	东道国法规、政策不完善	8	8
9	东道国投资审批困难	5	7	21	东道国文化和宗教信仰影响	4	7
10	人才培训机构不健全	3	4	22	产品或服务缺乏竞争力	6	5
11	东道国政局动荡	6	7	23	投资战略规划不够完善	10	4
12	法律服务机构不健全	8	5	24	尚未出台外保内贷的政策	7	5

对东道国政策、投资环境、市场信息了解不够，反馈次数由 11 次增到 26 次、金融支持不够，反馈次数由 11 次增到 18 次，反映了企业面临的主要困难；企业"走出去"的准备仍然不充足，虽然对东道国的政策、文化和宗教信仰了解程度增加，但是企业依然缺乏投资战略规划，并且对东道国法规、政策认识不足（见表 3.43）。

（四）中美贸易摩擦对湖北民营企业百强的影响

当前，湖北民营企业百强面对中美贸易摩擦，面临的问题和困难主要有直接生产成本上升，物流成本上升过快，民营企业利润下降和融资难的问题。从经济增长的长周期来看，全球经济正处在衰退阶段，中国经济正由高速增长进入中低速增长的结构性减速期，湖北省民营企业百强如何在未来的动荡或剧烈变化的国际经济格局中规避风险并寻求可持续发展机会，将是一个严峻挑战。

2018 年，中美贸易摩擦对湖北民营企业百强的主要影响是出口下滑，业务萎缩与关税冲击导致对美出口成本增加，分别有近 10 家企业受其影响，其次是美国市场营商环境的不确定性增加而美国投资受到影响，而海外研发，商业活动和技术交流活动以及政治对海外雇员的工作稳定性影响均较小，说明中美贸易摩擦对湖北民营企业的主要影响在于出口与市场方面问题（见表 3.44）。

表 3.44　　　　**2018 年中美贸易摩擦对湖北民营企业百强的影响**

序号	影响因素	企业数量（家）	占百强比（%）	占实际填报企业比（%）
1	出口下滑，业务萎缩	10	10.0	41.7
2	关税冲击导致对美出口成本增加	9	9.0	37.5
3	美国营商环境不确定因素增加，美国市场投资受到影响	6	6.0	25.0

续表

序号	影响因素	企业数量（家）	占百强比（%）	占实际填报企业比（%）
4	国内员工裁员减薪	3	3.0	12.5
5	海外研发受到影响	2	2.0	8.3
6	合法商业活动遭受不公正待遇	1	1.0	4.2
7	正常中美技术交流活动受限	1	1.0	4.2
8	政治影响海外雇员的工作稳定性	0	0.0	0.0
	实际填报企业数	24	——	——

民营企业百强精准扶贫与乡村振兴专题报告

2018 年，湖北省民营企业积极参与"千企帮千村"精准扶贫和乡村振兴战略，聚焦深度贫困地区，深入开展"五联五帮"活动，着力在产业扶贫、公益扶贫、就业扶贫、消费扶贫等方面下工夫，参与面持续扩大，帮扶成效持续提升，影响力逐步显现。

（一）企业积极参与精准扶贫与乡村振兴

2018 年，针对土地、农业金融、生态治理等乡村发展热点问题各级政府陆续出台了一系列政策，以此鼓励企业参与乡村振兴及精准扶贫，参与精准扶贫和乡村振兴的企业数量持续增加，2018 年民营企业百强中有 71 家企业已参与"千企帮千村"精准扶贫，占民营企业百强的 71.0%；有意向参与"千企帮千村"精准扶贫的企业达到 6 家，占民营企业百强的 6.0%（见表 3.45）。

表 3.45　**2018 年湖北省民营企业百强参与"千企帮千村"精准扶贫情况**

参与精准扶贫情况	企业数量（家）	占百强比（%）
已参与精准扶贫	71	71.0
尚未参与，但有参与意向	6	6.0
既未参与，也未参与意向	6	6.0
其他	17	17.0

　　2018 年湖北省民营企业百强已参与乡村振兴战略的企业达到 54 家，占民营企业百强的 54.0%；有参与乡村振兴战略意向的企业达到 12 家，占民营企业百强的 12.0%（见表 3.46）。

表 3.46　　　**2018 年湖北省民营企业百强参与乡村振兴战略情况**

参与乡村振兴战略情况	企业数量（家）	占百强比（%）
已参与乡村振兴	54	54.0
尚未参与，但有参与意向	12	12.0
既未参与，也未参与意向	12	12.0
其他	23	23.0

（二）企业参与精准扶贫或乡村振兴战略的方式多样

　　通过对已参与"千企帮千村"精准扶贫的民营企业百强的参与方式进行统计，可以看出，产业扶贫是民营企业参与精准扶贫最为普遍的方式，参与产业扶贫企业数为 42 家，占民营企业百强已参与"千企帮千村"精准扶贫企业的 60.6%。排第二的是就业扶贫，参与企业数为 38 家，占民营企业百强已参与"千企帮万村"精准扶贫企业的 52.1%，而参与教育扶贫、市场扶贫和技术扶贫的企业分别有 29 家、17 家和 15 家（见图 3.8）。

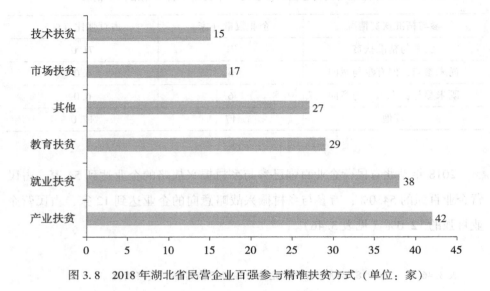

图 3.8　2018 年湖北省民营企业百强参与精准扶贫方式（单位：家）

通过对已参与乡村振兴战略的民营企业百强的参与方式进行统计，可以看出，农村精准脱贫项目投资是民营企业百强参加乡村振兴战略的最普遍方式，参与企业数达到 47 家，占民营企业百强已参与乡村振兴战略企业的 87.0%。农村基础设施建设、农村生态建设、农村土地流转和投资与农民增收与消费相关项目投资也是民营企业百强参与乡村振兴常见的方式，分别有 20 家、16 家、13 家和 12 家（见图 3.9）。

（三）企业参与精准扶贫与乡村振兴的地区分布

通过对已参与"千企帮千村"精准扶贫或乡村振兴战略的湖北省民营企业百强所在地区进行统计，武汉市参与"千企帮千村"精准扶贫的企业数为 37 家，占民营企业百强已参与总企业数比为 52.1%，处于领先地位。宜昌市和荆门市并列第二，参与企业数为 6 家。武汉市参与乡村振兴战略的企业数为 28 家，占民营企业百强已参与总企业数比为 51.9%，仍处于领先地位。除此之外，有 4 家以上（包括 4 家）企业参与的地区有宜昌市、孝感市、荆门市三

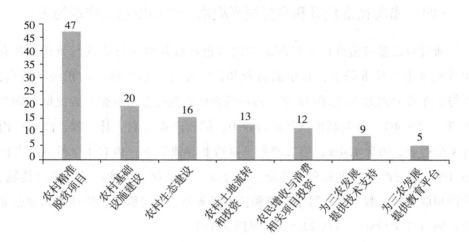

图 3.9　2018 年民营企业百强参与乡村振兴战略方式（单位：家）

个地区（见图 3.10）。

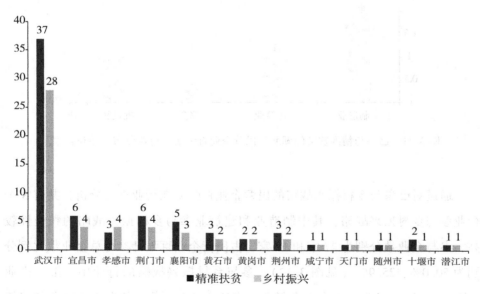

图 3.10　2018 年已参与精准扶贫或乡村振兴战略的民营企业百强所在地分布（单位：家）

（四）参与精准扶贫和乡村振兴战略企业均以第二产业为主

通过对已参与精准扶贫的湖北省民营企业百强所在行业进行分析，共有
10 个行业参与精准扶贫，其中制造业和建筑业参与精准扶贫的积极性较高，
参与企业数分别为 36 家和 18 家，占民营企业百强已参与总企业数比例分别为
50.7%、25.4%。参与精准扶贫的行业中，第一产业（农、林、牧、渔业）内
有 1 个行业，占比 1.4%；第二产业（制造业和建筑业）内有 4 个行业，占比
76.1%；第三产业（批发和零售业、综合业、金融业、房地产业、信息传输、
软件和信息技术服务业、科学研究和技术服务业、居民服务、修理和其他服务
业）内有 2 个行业，占比 22.5%（见图 3.11）。

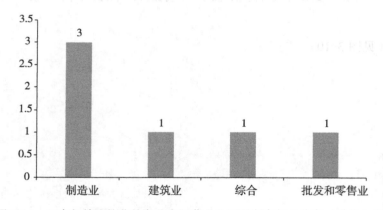

图 3.11　已参与精准扶贫的湖北省民营企业百强所在行业分布（单位：家）

通过对已参与乡村振兴战略的民营企业百强所在行业进行分析，共有 8 个
行业参与乡村振兴战略，其中制造业和建筑业参与乡村振兴战略的积极性较
高，参与企业数分别为 27 家和 14 家，占民营企业百强已参与总企业数比例分
别为 50.0%、25.9%（见图 3.12）。参与乡村振兴战略的行业中，第一产业
（农、林、牧、渔业）内有 1 个行业，占比 1.9%；第二产业（制造业和建筑
业）内有 2 个行业，占比 75.9%；第三产业（批发和零售业、综合业、房地

产业、信息传输、软件和信息技术服务业、科学研究和技术服务业）内有 5 个行业，占比 22.2%。

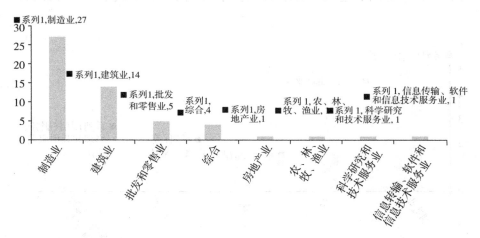

图 3.12　已参与乡村振兴战略的湖北省民营企业百强所在行业分布（单位：家）

通过对未参与但有意向参与精准扶贫的民营企业百强所在行业进行分析，可以看到制造业参与精准扶贫的意向最高，有意向的企业数为 3 家，占比 50.0%（见图 3.13）。

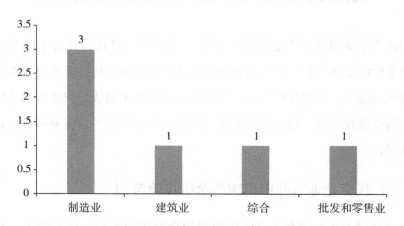

图 3.13　有意向参与精准扶贫的湖北省民营企业百强所在行业分布（单位：家）

通过对未参与但有意向参与乡村振兴战略的民营企业百强所在行业进行分析，可以看到制造业参与乡村振兴战略的意向最高，有意向的企业数为5家，占比41.7%。此外，建筑业也有较高的意向参与乡村振兴战略（见图3.14）。

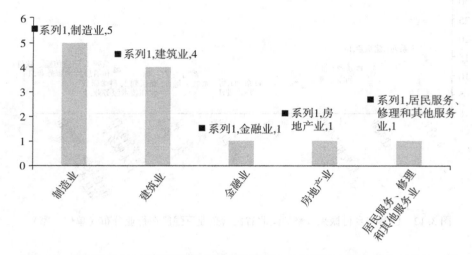

图3.14 有意向参与乡村振兴战略的湖北省民营企业百强所在行业分布（单位：家）

民营企业百强防范化解重大风险专题报告

2018年，湖北省民营企业深入贯彻落实中央、湖北省委关于防范化解重大风险工作的安排部署，把防范化解重大风险转变为深化改革开放、倒逼转型升级的机遇窗口，打好化险为夷、转危为安的战略主动战。湖北省部分民营企业虽然面临股权质押、盲目扩张带来的风险，但整体资产负债率不高，运行风险总体可控。

（一）民营企业百强中出现的金融风险类型

2018年湖北省民营企业百强中出现的金融风险类型主要有四项，且出现的企业数量都仅有 1 家，此四项分别为被担保债务不履约或被担保人破产，出现连带风险；银行借款难以偿还，被银行断贷；民间借贷出现纠纷，部分资产被冻结或查封，企业正常经营受到影响；财务费用过高，企业现金流濒临断裂，企业面临低价转让资产或所有权的困境。并且，出现金融风险的企业共有 3 家，说明在百强企业中填报出现金融风险的企业很少，金融风险总体可控（见表 3.47）。

表 3.47　　　　2018 年湖北省民营企业百强中出现的金融风险类型

序号	金融风险类型	企业数量（家）	占百强比（%）	占实际填报企业比（%）
1	被担保债务不履约或被担保人破产，出现连带风险	1	1.0	33.3
2	银行借款难以偿还，被银行断贷	1	1.0	33.3
3	信托、债券违约，出售资产、股权等偿付	0	0.0	0.0
4	高比例股权质押被强制平仓	0	0.0	0.0
5	民间借贷出现纠纷，部分资产被冻结或查封，企业正常经营受到影响	1	1.0	33.3
6	财务费用过高，企业现金流濒临断裂，企业面临低价转让资产或所有权的困境	0	1.0	33.3
	实际填报企业数	3	—	—

（二）民营企业百强中上市企业的资产负债率与股权质押比

从 2018 年民营企业百强中上市企业的资产负债率来看，资产负债率在 40%~70%，还有三家企业超过了 70% 警戒线，资产负债率较高意味着相比起资产总额，负债总额也较高，说明企业整体资产负债率较高，民营企业运行风险需加强监督。股权质押比例也基本在 20%~40%，且均未达到最新修订的《股票质押式回购交易及登记结算业务办法》规定的 60%股票质押率上限，表明湖北省上市民营企业的股权质押风险可控（见表 3.48）。

表 3.48 **2018 年湖北省民营企业百强中上市企业资产负债率及股权质押比例**

序号	企业	资产负债率（%）	股权质押比例（%）（截至 2018.12.28）
1	九州通医药集团股份有限公司	69.4	48.9
2	卓尔控股有限公司	45.5	30.0
3	福星集团控股有限公司	74.0	24.3
4	人福医药集团股份公司	59.7	21.3
5	湖北凯乐科技股份有限公司	74.4	29.3
6	天茂实业集团股份有限公司	85.4	60.8
7	格林美股份有限公司	43.6	14.7
8	顾地科技股份有限公司	59.3	33.6
9	骆驼集团股份有限公司	42.0	37.4

（三）企业防范重大风险采取的措施类型

2018 年民营企业百强中有 88 家企业采取各种措施防范化解风险，占民营企业百强的 88.0%。其中采取优化资产结构的企业 62 家，占已采取防范风险措施企业的 70.5%；采取降低财务杠杆，提高直接融资比重，减少融资成本与债务负担的企业 55 家，占已采取防范风险措施企业的 62.5%；专注实体经济的企业 62 家，占已采取防范风险措施企业的 70.5%；采取其他措施的企业 8 家，占已采取防范风险措施企业的 9.1%（见表 3.49）。

表 3.49　**2018 年湖北省民营企业百强防范化解重大风险采取的措施类型**

防范化解重大风险措施	企业数量（家）	占采取防范化解风险措施企业的比例（%）
优化资产结构	62	70.5
专注实体经济	62	70.5
降低财务杠杆	55	62.5
其他	8	9.1
总计	88	—

（四）采取风险防范措施企业的行业分布与地区分布

通过对防范风险采取具体措施的 88 家民营企业百强进行行业统计，可以看到制造业和建筑业的民营企业采取风险防范措施的情况明显高于其他行业，说明在第二产业，一些传统的行业，民营企业百强更注意风险控制（见表3.50）。

表 3.50　**2018 年湖北省民营企业百强采取防范重大风险措施的行业分布**

所属行业	企业数量（家）	占有参与意向百强企业的比例（%）
制造业	39	44.3
建筑业	18	20.5
批发和零售业	11	12.5
综合	5	5.7
保险业	3	3.4
纺织业	2	2.3
房地产业	5	5.7
信息传输、软件和信息技术服务业	2	2.3

所属行业	企业数量（家）	占有参与意向百强企业的比例（%）
居民服务、修理和其他服务业	2	2.3
科学研究和技术服务业	1	1.1
总计	88	—

在参与防范化解重大风险攻坚战的 88 家民营企业中，有 55 家企业分布于武汉，占参与防范化解重大风险攻坚战的民营企业百强的 62.5%，其他则零散分布于其他市，占比都不超过 10.0%（见表 3.51）。

表 3.51 　　　　　　　　**湖北省民营企业百强参与防范重大风险分布**

所属地区	企业数量（家）	参与防范风险的地区分布比例（%）
武汉市	55	62.5
宜昌市	6	6.8
荆门市	5	5.7
孝感市	4	4.5
襄阳市	4	4.5
十堰市	2	2.3
荆州市	3	3.4
黄石市	2	2.3
黄冈市	2	2.3
咸宁市	2	2.3
随州市	1	1.1
总计	88	—

民营企业百强营商环境专题报告

2018 年，根据习近平总书记关于加大营商环境改革力度的重要指示精神和全国深化"放管服"改革转变政府职能会议的重要部署，湖北省发布了《关于进一步加大优化营商环境的若干意见》，旨在持续深化"放管服"改革，加快推动政府职能转变，进一步优化营商环境，以高质量服务供给推动高质量发展，营造一流的法治、诚信、服务环境。湖北省民营企业百强的营商环境得到进一步改善。

（一）影响民营企业百强发展的主要因素

2018 年，用工、税费、融资仍是制约湖北省民营企业发展的前三大因素（见表 3.52）。

表 3.52　　　　　**2018 年影响湖北省民营企业百强发展的五大因素**

序号	影响因素	企业数量（家）
1	用工成本上升	57
2	税费负担重	48
3	融资难融资贵	45
4	国内市场需求不足	37
5	市场秩序不够规范	37

在市场环境方面，用工成本上升、融资难融资贵和国内市场需求不足是三大不可忽视的问题。在政策政务环境中，税费负担是波及民营企业百强范围最广的因素，其次是节能减排压力大的问题。在法制环境中，市场秩序不够规范是最急待解决的问题。在政商环境中，"对民营经济的负面舆论较多"成为相对显著的问题（见表 3.53）。

表 3.53　　　　　　　2018 年湖北省民营企业百强发展影响因素分析

影响因素		企业数量（家）
市场环境	用工成本上升	57
	融资难融资贵	45
	国内市场需求不足	37
	能源供应紧张	12
	出口订单减少	9
	人民币汇率变动	7
	土地供应紧缺	6
政策政务环境	税费负担重	48
	节能减排压力大	14
	民间投资政策实施细则落实不到位	10
	垄断行业开放度不高	8
	"玻璃门""弹簧门""旋转门"	8
	公共服务不到位	7
	垄断行业门槛过高	6
法治环境	市场秩序不够规范	37
	民营企业在司法审判中的平等地位不够	18
	依法行政不够规范	14
	对私有产权的保护不够	11
	对知识产权的保护不够	7
政商环境	对民营经济的负面舆论较多	27
	地方保护主义	9
	政府官员帮扶企业意识差	9
	政府沟通不畅	8
	政府官员懒政、怠政	6
	政府干预过多	6
	地方政府诚信缺失	4
	政府官员存在吃拿卡要现象	1

（二）民营企业百强营商环境改善情况

省工商联对于全省民营企业百强有关营商环境调查的结果显示，全省民营企业百强中共有 85 家企业表示营商环境在政府企业服务力度、市场监管加强、政商关系、舆论氛围和税费负担等方面得到了改善（见表 3.54）。

表 3.54　　**2018 年湖北省民营企业百强企业营商环境改善的情况**

营商环境改善项目	企业数量（家）	占百强比（%）	占实际填写企业数比（%）
政府企业服务力度加大	44	44.0	51.8
市场监管进一步加强	40	40.0	47.1
"亲""清"政商关系进一步确立	35	35.0	41.2
有利于民营经济发展的舆论氛围进一步加强	33	33.0	38.8
税费负担有所降低	32	32.0	37.6
市场信用体系建设有所改善	26	26.0	30.6
融资支持有所改善	25	25.0	29.4
政府诚信有所改善	20	20.0	23.5
有利于科技创新的氛围进一步加强	19	19.0	22.4
土地、劳动力、水电气等要素支撑有所改善	18	18.0	21.2
市场准入有所改善	17	17.0	20.0
司法公正进一步加强	17	17.0	20.0
产权保护有所改善	11	11.0	12.9
涉企执法更加公正	9	9.0	10.6
企业维权难度降低	7	7.0	8.2

（三）民营企业所处区域对六项举措的落实情况

数据显示，有近半数民营企业所处地区地方政府出台了一系列配套政策，实际执行力度较大，已产生明显效果。有三成左右的民营企业所处地区存在地方政府出台部分配套政策，实际执行力度较大，但仍有部分配套政策针对性不强的情况。还有少部分地区的地方政府政策实施不力（见表3.55）。

表3.55　　**2018年湖北省民营企业所处区域对六项举措的落实情况**

落实情况	企业数量（家）	占百强比（%）	占实际填写企业数比（%）
地方政府出台了一系列配套政策，实际执行力度较大，已产生明显效果	43	43.0	51.2
地方政府出台部分配套政策，实际执行力度较大，但仍有部分配套政策的针对性不强	29	29.0	34.5
地方政府出台了配套政策，实际执行较为迟缓，具体落实有待时日	11	11.0	13.1
地方政府的配套政策流于形式，缺乏可执行性，营商环境仍有待改善	1	1.0	1.2
实际填报企业数	84		

（四）民营企业得到具体纾困扶持情况

数据显示，共有68家民营企业进行了填写，近半数填写的民营企业未得到支持，五分之一左右的民营企业得到了普惠金融产品和政策性融资担保的支持，少部分民营企业得到其他项目支持，说明湖北省民营企业得到具体纾困扶持情况有待进一步改善，需要政府出台相关政策确保湖北省民营企业能够得到具体纾困扶持（见表3.56）。

表 3.56　　　　　　　2018 年湖北省民营企业得到具体纾困扶持情况

（实际填写企业数［家］68）

纾困扶持项目	企业数量（家）	占百强比（%）	占实际填写企业数比（%）
普惠金融产品	12	12.0	19.1
政策性融资担保	14	14.0	20.6
金融机构贷款展期、延期	8	8.0	11.8
地方专项救助资金	5	5.0	7.4
国企对民企帮扶计划	3	3.0	4.4
延期缴纳税款	4	4.0	5.9
纾困专项基金	2	2.0	2.9
纾困专项债	1	1.0	1.5
国有资本的财务投资	1	1.0	1.5
未得到相关支持	37	37.0	54.4

　　针对民营企业的融资难、融资贵问题，2018 年湖北省设立了湖北省上市公司纾困基金。基金总规模 100 亿元，按照市场化、专业化方式运作，重点支持符合经济结构升级方向、经营稳定、有前景但出现暂时流动性困难或风险的省内上市公司，通过纾解股权质押风险帮助企业渡过阶段性困难，支持民营实体经济健康、稳定发展。

　　湖北省百强民营企业中京山轻机因扩张过快、股票质押比例过高等原因，面临着严重的流动资金不足问题；而人福医药因处于快速发展期，需要增加大量资金的投入，但由于融资难融资贵，面临着流动资金不足的困境。湖北省纾困基金将京山轻机和人福医药作为纾困对象，分别出资 1.9 亿元和 2.4 亿元，帮助京山轻机和人福医药走出困境。纾困基金为民营企业提供了强有力的保障，有效缓解企业发展面临的融资困境，降低了企业风险，促进湖北省民营上市公司稳定发展。

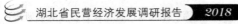

民营企业制造业百强专题报告

2018 年，湖北省民营企业制造业百强面对中美贸易摩擦、经济下行压力加大、沿江地区化工产业环保升级等压力，入围门槛与 2017 年相比基本持平，略有下降，整体规模继续增长，社会贡献持续加大，质量效益维持稳定，继续保持了稳中向好的发展趋势。

（一）整体规模持续增长

2018 年湖北省民营企业制造业百强的营业收入总额为 4627.99 亿元，比 2017 年增加了 551.49 亿元，户均 46.28 亿元（见表 3.57）。

表 3.57　　　　**2017—2018 年湖北省民营企业制造业百强营业收入**

项目指标		2018 年	2017 年
营业收入（亿元）	总额	4627.99	4076.50
	户均	46.28	40.76
	增长率	13.5%	—

从资产规模看，2018 年湖北省民营企业制造业百强的资产总额、固定资产和净资产均有增长，资产总额和净资产增速较上年相比均有提高。2018 年湖北省民营企业制造业百强资产总额达到 4061.70 亿元，户均 40.61 亿元；固定资产净值达到 870.85 亿元，户均 8.71 亿元；净资产总额上升为 1976.10 亿元，户均接近 20 亿元，达到 19.76 亿元（见表 3.58）。

表 3.58　　　　　**2017—2018 年湖北省民营企业制造业百强资产规模**

项目指标		2018 年	2017 年
资产（亿元）	总额	4061.70	3665.12
	户均	40.61	36.65
	增长率	13.5%	—
固定资产（亿元）	总额	870.85	793.23
	户均	8.71	7.93
	增长率	9.8%	—
净资产（亿元）	总额	1976.10	1721.24
	户均	19.76	17.21
	增长率	14.8%	—

（二）缴税总额持续增加

2018 年湖北省民营企业制造业百强利润总额和税后净利润相比 2017 年有所下降，利润总额为 287.39 亿元；税后净利润为 224.70 亿元（见表 3.59）。

表 3.59　　　　　**2017—2018 年湖北省民营企业制造业百强利润总额**

项目指标		2018 年	2017 年
利润（亿元）	总额	287.39	296.26
	户均	2.87	2.96
	增长率	-3.0%	—
税后净利润（亿元）	总额	224.70	237.30
	户均	2.25	2.37
	增长率	-5.3%	—

从税后净利润来看，盈利超过亿元行业有 20 个，主要是酒、饮料和精制

茶制造业、黑色金属冶炼和压延加工业、化学原料和化学制品制造业、医药制造业等行业；其中，酒、饮料和精制茶制造业的盈利额最大，为 44.53 亿元（见表 3.60）。

表 3.60　**2018 年湖北省民营企业制造业百强盈利超过百万元的行业分布**

行业名称	盈利行业的企业数量（家）	税后净利润（亿元）
酒、饮料和精制茶制造业	4	44.53
化学原料和化学制品制造业	14	43.32
医药制造业	5	17.26
其他制造业	8	14.42
黑色金属冶炼和压延加工业	6	13.80
食品制造业	3	12.05
非金属矿物制品业	3	11.15
电气机械和器材制造业	4	10.91
金属制品业	4	10.40
废弃资源综合利用业	2	9.53
汽车制造业	7	8.18
专用设备制造业	4	7.83
橡胶和塑料制品业	3	7.56
计算机、通信和其他电子设备制造业	6	6.92
农副食品加工业	5	6.72
石油加工、炼焦和核燃料加工业	1	6.28
纺织业	5	5.62
木材加工和木、竹、藤、棕、草制品业	1	4.66
通用设备制造业	2	4.11
铁路、船舶、航空航天和其他运输设备制造业	1	1.59
金属制品、机械和设备修理业	1	0.86

续表

行业名称	盈利行业的 企业数量（家）	税后净利润 （亿元）
有色金属冶炼和压延加工业	2	0.77
造纸和纸制品业	1	0.06

从销售净利率来看，2018 年湖北省民营企业制造业百强与 2017 年相比减少了 0.9 个百分点，为 4.9%；从资产净利率来看，2018 年湖北省民营企业制造业百强与 2017 年相比减少了 1 个百分点，为 5.5%；从净资产收益率来看，2018 年湖北省民营企业制造业百强与 2017 年相比减少了 2.4 个百分点，为 11.4%（见表 3.61）。

表 3.61　**2017—2018 年湖北省民营企业制造业 100 强盈利能力**

项目指标	2018 年	2017 年
销售净利率	4.9%	5.8%
资产净利率	5.5%	6.5%
净资产收益率	11.4%	13.8%

从纳税情况看，2018 年湖北省民营企业制造业百强的纳税总额为 201.25 亿元，比 2017 年增长 18.2%，占湖北省税收收入比重为 8.2%，相比上年提升 0.6 个百分点，湖北省民营企业制造业百强的税收贡献作用继续增大（见表 3.62）。

表 3.62　**2017—2018 年湖北省民营企业制造业 100 强缴税情况**

项目指标	2018 年	2017 年
缴税总额（亿元）	201.25	170.30
缴税总额增长率	18.2%	—

续表

项目指标	2018 年	2017 年
湖北省税收收入（亿元）	2463.46	2247.60
100 强纳税额占湖北省税收比重	8.2%	7.6%

（三）民营企业制造业百强行业分布仍以传统行业为主

从行业分布来看，2018 年民营企业制造业百强共入围 22 个行业，比 2017 年增加 1 个行业。入围行业中入围企业最多的仍然是化学原料和化学制品制造业，但是入围企业数量较之 2017 年减少 2 家，其他制造业的入围企业数量有所增加，从 2017 年的 5 家增加到 10 家（见表 3.63）。

表 3.63   **2018 年湖北省民营企业制造业百强行业分布**

行业名称	入围企业数（家）	营业收入均值（亿元）	平均税后净利润（亿元）	平均资产（亿元）	平均缴税额（亿元）
化学原料和化学制品制造业	15	31.00	2.89	27.28	1.24
其他制造业	10	23.05	1.09	32.01	0.73
汽车制造业	7	77.00	1.17	48.47	1.48
医药制造业	6	54.25	−0.39	101.70	4.89
黑色金属冶炼和压延加工业	6	48.13	2.30	25.46	1.35
农副食品加工业	6	25.55	1.03	13.25	0.28
计算机、通信和其他电子设备制造业	6	27.73	1.15	58.85	0.54
纺织业	5	26.62	1.13	18.49	1.05
酒、饮料和精制茶制造业	4	171.64	11.13	154.81	11.88
电气机械和器材制造业	4	78.60	2.73	37.48	3.28

续表

行业名称	入围企业数（家）	营业收入均值（亿元）	平均税后净利润（亿元）	平均资产（亿元）	平均缴税额（亿元）
橡胶和塑料制品业	4	19.77	1.86	17.67	0.88
专用设备制造业	4	23.84	1.96	32.07	1.11
金属制品业	4	31.94	2.60	19.60	1.56
食品制造业	3	28.43	4.02	17.22	2.42
通用设备制造业	3	52.54	1.36	42.84	1.47
非金属矿物制品业	3	19.01	3.71	25.62	2.25
废弃资源综合利用业	2	74.99	4.77	97.35	2.53
有色金属冶炼和压延加工业	2	25.59	0.38	17.87	0.88
石油加工、炼焦和核燃料加工业	2	224.82	3.06	39.38	6.73
木材加工和木、竹、藤、棕、草制品业	1	22.89	4.67	58.65	1.89
造纸和纸制品业	1	23.66	0.07	11.11	1.38
铁路、船舶、航空航天和其他运输设备制造业	1	11.67	1.59	16.46	0.66

（四）民营企业制造业百强集中在"一主两副"地区

从地区分布来看，湖北省 2018 年民营企业制造业百强依旧主要集中在一主两副地区，共有 58 家制造业企业，共占比 58.0%，与 2017 年相比基本持平。武汉、宜昌和襄阳的 2018 年营业收入总额分别为 1253.30 亿元、898.18

亿元和 435.44 亿元，占制造业百强营业收入总额的比例分别为 27.1%，19.4% 和 9.4%（见表 3.64）。

表 3.64　　　**2018 年湖北省民营企业制造业百强地区分布情况**

地区	入围企业数量（家）		营业收入（亿元）		税后净利润（亿元）		资产总额（亿元）	
	2018 年	2017 年	总额	占比（%）	总额	占比（%）	总额	占比（%）
武汉市	31	30	1253.30	27.1%	24.13	10.7%	1428.23	35.2%
宜昌市	15	15	898.18	19.4%	34.57	15.4%	641.46	15.8%
襄阳市	12	14	435.44	9.4%	24.58	10.9%	252.21	6.2%
荆门市	10	9	404.89	8.7%	31.02	13.8%	412.35	10.2%
荆州市	7	5	220.03	4.8%	23.18	10.3%	301.35	7.4%
黄石市	6	5	253.92	5.5%	33.12	14.7%	469.94	11.6%
咸宁市	5	5	188.42	4.1%	28.02	12.5%	177.81	4.4%
孝感市	4	4	88.61	1.9%	6.87	3.1%	100.11	2.5%
十堰市	3	3	66.11	1.4%	2.99	1.3%	25.24	0.6%
潜江市	3	2	463.75	10.0%	7.69	3.4%	114.15	2.8%
随州市	1	2	204.40	4.4%	2.11	0.9%	38.54	0.9%
黄冈市	1	2	56.81	1.2%	1.95	0.9%	46.07	1.1%
仙桃市	1	0	11.61	0.3%	1.41	0.6%	8.72	0.2%
天门市	1	0	82.48	1.8%	3.05	1.4%	45.49	1.1%

附件 3.1：

2018 年湖北省民营企业百强名单

序号	企业名称	地区	所属行业	营业收入总额（万元）	备注
1	九州通医药集团股份有限公司	武汉市	批发业	8713636	
2	卓尔控股有限公司	武汉市	综合	8226308	
3	恒信汽车集团股份有限公司	武汉市	批发业	5413626	
4	稻花香集团	宜昌市	酒、饮料和精制茶制造业	5302356	
5	山河控股集团有限公司	武汉市	房屋建筑业	4590748	
6	金澳科技（湖北）化工有限公司	潜江市	石油加工、炼焦和核燃料加工业	4396026	
7	天茂实业集团股份有限公司	荆门市	保险业	3095084	新增
8	福星集团控股有限公司	孝感市	综合	2812932	
9	武汉当代科技产业集团股份有限公司	武汉市	综合	2772438	
10	新八建设集团有限公司	武汉市	房屋建筑业	2736588	
11	新七建设集团有限公司	武汉市	房屋建筑业	2651855	
12	武汉市金马凯旋家具投资有限公司	武汉市	综合	2368795	
13	三环集团有限公司	武汉市	汽车制造业	2252304	新增
14	程力汽车集团股份有限公司	随州市	汽车制造业	2043986	

续表

序号	企业名称	地区	所属行业	营业收入总额（万元）	备注
15	骆驼集团股份有限公司	襄阳市	电气机械和器材制造业	1974067	
16	新十建设集团有限公司	武汉市	房屋建筑业	1967626	
17	武汉联杰能源有限公司	武汉市	批发业	1917896	
18	宝业湖北建工集团有限公司	武汉市	房屋建筑业	1870841	
19	人福医药集团股份公司	武汉市	医药制造业	1863383	
20	合众人寿保险股份有限公司	武汉市	保险业	1695732	
21	荆门市格林美新材料有限公司	荆门市	废弃资源综合利用业	1374823	
22	湖北三宁化工股份有限公司	宜昌市	化学原料和化学制品制造业	1168823	
23	湖北全洲扬子江建设工程有限公司	孝感市	房屋建筑业	1161976	新增
24	湖北金盛兰冶金科技有限公司	咸宁市	黑色金属冶炼和压延加工业	1150000	
25	劲牌有限公司	黄石市	酒、饮料和精制茶制造业	1024995	
26	湖北今日头条科技有限公司	武汉市	软件和信息技术服务业	1017341	新增
27	湖北新洋丰肥业股份有限公司	荆门市	化学原料和化学制品制造业	1003062	
28	湖北凯乐科技股份有限公司	荆州市	其他制造业	985400	

续表

序号	企业名称	地区	所属行业	营业收入总额（万元）	备注
29	熠丰（武汉）能源有限公司	武汉市	批发业	824810	
30	湖北景天棉花产业集团有限公司	天门市	纺织业	824808	新增
31	高品建设集团有限公司	武汉市	房屋建筑业	802442	
32	黄石东贝机电集团有限责任公司	黄石市	通用设备制造业	770705	
33	盛隆电气集团有限公司	武汉市	电气机械和器材制造业	762578	
34	民族建设集团有限公司	武汉市	房屋建筑业	758374	
35	奥山集团	武汉市	综合	721291	
36	湖北中阳建设集团有限公司	武汉市	土木工程建筑业	710965	
37	碧桂园城市置业（武汉）有限公司	武汉市	房地产业	688005	新增
38	湖北盛世欣兴格力电器销售有限公司	武汉市	批发业	677487	
39	良品铺子股份有限公司	武汉市	零售业	637756	
40	TCL 空调器（武汉）有限公司	武汉市	通用设备制造业	626237	新增
41	湖北纳杰人力资源有限公司	武汉市	其他服务业	625496	
42	湖北美亚达新型建材集团有限公司	襄阳市	金属制品业	592895	
43	湖北国贸大厦集团有限公司	宜昌市	零售业	570000	

续表

序号	企业名称	地区	所属行业	营业收入总额（万元）	备注
44	湖北祥云集团	黄冈市	化学原料和化学制品制造业	568062	
45	富德生命人寿保险股份有限公司湖北分公司	武汉市	保险业	556904	
46	武汉伟鹏控股有限公司	武汉市	房地产业	550149	新增
47	武汉市盘龙明达建筑有限公司	武汉市	房屋建筑业	527549	新增
48	赤东建设集团有限公司	黄冈市	房屋建筑业	521020	
49	武汉工贸有限公司	武汉市	零售业	515578	
50	远大医药（中国）有限公司	武汉市	医药制造业	507749	
51	湖北立晋钢铁集团有限公司	襄阳市	黑色金属冶炼和压延加工业	504869	
52	湖北恒泰天纵控股集团有限公司	武汉市	房地产业	504020	新增
53	武汉顺乐不锈钢有限公司	武汉市	黑色金属冶炼和压延加工业	494011	
54	武汉华星光电技术有限公司	武汉市	计算机、通信和其他电子设备制造业	482668	新增
55	武汉智能电梯有限公司	武汉市	专用设备制造业	458290	
56	湖北国创高新材料股份有限公司	武汉市	其他服务业	457193	
57	武汉东方建设集团有限公司	武汉市	房屋建筑业	449105	
58	湖北白云边酒业股份有限公司	荆州市	酒、饮料和精制茶制造业	446923	

续表

序号	企业名称	地区	所属行业	营业收入总额（万元）	备注
59	湖北国宝桥米有限公司	荆门市	农副食品加工业	407018	
60	湖北高艺装饰工程有限公司	武汉市	建筑装饰和其他建筑业	405572	新增
61	湖北鄂中生态工程股份有限公司	荆门市	其他制造业	378550	新增
62	周大福珠宝文化产业园（武汉）有限公司	武汉市	有色金属冶炼和压延加工业	378409	新增
63	湖北凌志科技集团	武汉市	建筑装饰和其他建筑业	370128	
64	武汉苏泊尔炊具有限公司	武汉市	金属制品业	370100	
65	顺泰建设股份有限公司	武汉市	房屋建筑业	369261	
66	驰田汽车股份有限公司	十堰市	汽车制造业	369098	
67	湖北土老憨生态农业集团	宜昌市	食品制造业	368692	
68	武汉斗鱼网络科技有限公司	武汉市	互联网和相关服务	365438	新增
69	纽宾凯集团有限公司	武汉市	房地产业	364478	新增
70	武汉金坊建设集团有限公司	武汉市	房屋建筑业	352643	
71	天马建设集团有限公司	武汉市	房屋建筑业	344425	
72	湖北寿康永乐商贸集团有限公司	十堰市	批发业	342000	
73	红牛维他命饮料（湖北）有限公司	咸宁市	食品制造业	335630	
74	湖北百恒控股集团有限公司	武汉市	计算机、通信和其他电子设备制造业	328502	

续表

序号	企业名称	地区	所属行业	营业收入总额（万元）	备注
75	湖北禾丰粮油集团有限公司	孝感市	农副食品加工业	318020	
76	武汉金牛经济发展有限公司	武汉市	橡胶和塑料制品业	317023	
77	宜都东阳光化成箔有限公司	宜昌市	计算机、通信和其他电子设备制造业	313162	
78	南京医药湖北有限公司	武汉市	批发业	312523	
79	湖北海厦建设有限公司	襄阳市	房屋建筑业	306158	
80	黄石山力兴冶薄板有限公司	黄石市	黑色金属冶炼和压延加工业	298869	
81	武汉华显光电技术有限公司	武汉市	计算机、通信和其他电子设备制造业	297127	新增
82	湖北东峻实业集团有限公司	武汉市	汽车制造业	290158	
83	武汉新建总建设集团有限公司	武汉市	房屋建筑业	286172	
84	中诺建设集团有限公司	武汉市	房屋建筑业	284582	新增
85	湖北大明金属科技有限公司	武汉市	黑色金属冶炼和压延加工业	274823	
86	湖北宏凯工贸发展有限公司	荆州市	农副食品加工业	269173	
87	迪斯科化工集团股份有限公司	武汉市	化学原料和化学制品制造业	263698	
88	宜昌东阳光长江药业股份有限公司	宜昌市	医药制造业	255369	

续表

序号	企业名称	地区	所属行业	营业收入总额（万元）	备注
89	武汉天喻信息产业股份有限公司	武汉市	软件和信息技术服务业	239699	新增
90	武汉金凤凰纸业有限公司	武汉市	造纸和纸制品业	236563	新增
91	湖北建科国际工程有限公司	武汉市	专业技术服务业	232533	新增
92	武汉运盛集团有限公司	武汉市	批发业	230159	新增
93	湖北康欣新材料科技有限责任公司	孝感市	木材加工和木、竹、藤、棕、草制品业	228951	新增
94	振发建设集团有限公司	武汉市	房屋建筑业	226311	
95	湖北京山轻工机械股份有限公司	荆门市	专用设备制造业	224888	新增
96	健民药业集团股份有限公司	武汉市	医药制造业	216147	
97	湖北高企达建设有限公司	武汉市	房屋建筑业	215517	新增
98	武汉祥泰源置业有限公司	武汉市	房地产业	215163	新增
99	湖北孝棉实业集团有限责任公司	孝感市	纺织业	213997	
100	民发实业集团有限公司	襄阳市	房地产业	213599	

附件 3.2：

2018 年湖北省民营企业制造业百强名单

序号	企业名称	地区	所属行业	营业收入总额（万元）	备注
1	稻花香集团	宜昌市	酒、饮料和精制茶制造业	5302356	
2	金澳科技（湖北）化工有限公司	潜江市	石油加工、炼焦和核燃料加工业	4396026	
3	三环集团有限公司	武汉市	汽车制造业	2252304	新增
4	程力汽车集团股份有限公司	随州市	汽车制造业	2043986	
5	骆驼集团股份有限公司	襄阳市	电气机械和器材制造业	1974067	
6	人福医药集团股份公司	武汉市	医药制造业	1863383	
7	荆门市格林美新材料有限公司	荆门市	废弃资源综合利用业	1374823	
8	湖北三宁化工股份有限公司	宜昌市	化学原料和化学制品制造业	1168823	
9	湖北金盛兰冶金科技有限公司	咸宁市	黑色金属冶炼和压延加工业	1150000	
10	劲牌有限公司	黄石市	酒、饮料和精制茶制造业	1024995	
11	湖北新洋丰肥业股份有限公司	荆门市	化学原料和化学制品制造业	1003062	
12	湖北凯乐科技股份有限公司	荆州市	其他制造业	985400	

续表

序号	企业名称	地区	所属行业	营业收入总额（万元）	备注
13	湖北景天棉花产业集团有限公司	天门市	纺织业	824808	新增
14	黄石东贝机电集团有限责任公司	黄石市	通用设备制造业	770705	
15	盛隆电气集团有限公司	武汉市	电气机械和器材制造业	762578	
16	TCL空调器（武汉）有限公司	武汉市	通用设备制造业	626237	新增
17	湖北美亚达新型建材集团有限公司	襄阳市	金属制品业	592895	
18	湖北祥云集团	黄冈市	化学原料和化学制品制造业	568062	
19	远大医药（中国）有限公司	武汉市	医药制造业	507749	
20	湖北立晋钢铁集团有限公司	襄阳市	黑色金属冶炼和压延加工业	504869	
21	武汉顺乐不锈钢有限公司	武汉市	黑色金属冶炼和压延加工业	494011	
22	武汉华星光电技术有限公司	武汉市	计算机、通信和其他电子设备制造业	482668	新增
23	武汉智能电梯有限公司	武汉市	专用设备制造业	458290	
24	湖北白云边酒业股份有限公司	荆州市	酒、饮料和精制茶制造业	446923	
25	湖北国宝桥米有限公司	荆门市	农副食品加工业	407018	
26	湖北鄂中生态工程股份有限公司	荆门市	其他制造业	378550	新增

续表

序号	企业名称	地区	所属行业	营业收入总额（万元）	备注
27	周大福珠宝文化产业园（武汉）有限公司	武汉市	有色金属冶炼和压延加工业	378409	新增
28	武汉苏泊尔炊具有限公司	武汉市	金属制品业	370100	
29	驰田汽车股份有限公司	十堰市	汽车制造业	369098	
30	湖北土老憨生态农业集团	宜昌市	食品制造业	368692	
31	红牛维他命饮料（湖北）有限公司	咸宁市	食品制造业	335630	
32	湖北百恒控股集团有限公司	武汉市	计算机、通信和其他电子设备制造业	328502	
33	湖北禾丰粮油集团有限公司	孝感市	农副食品加工业	318020	
34	武汉金牛经济发展有限公司	武汉市	橡胶和塑料制品业	317023	
35	宜都东阳光化成箔有限公司	宜昌市	计算机、通信和其他电子设备制造业	313162	
36	黄石山力兴冶薄板有限公司	黄石市	黑色金属冶炼和压延加工业	298869	
37	武汉华显光电技术有限公司	武汉市	计算机、通信和其他电子设备制造业	297127	新增
38	湖北东峻实业集团有限公司	武汉市	汽车制造业	290158	
39	湖北大明金属科技有限公司	武汉市	黑色金属冶炼和压延加工业	274823	
40	湖北宏凯工贸发展有限公司	荆州市	农副食品加工业	269173	

续表

序号	企业名称	地区	所属行业	营业收入总额（万元）	备注
41	迪斯科化工集团股份有限公司	武汉市	化学原料和化学制品制造业	263698	
42	宜昌东阳光长江药业股份有限公司	宜昌市	医药制造业	255369	
43	武汉金凤凰纸业有限公司	武汉市	造纸和纸制品业	236563	新增
44	湖北康欣新材料科技有限责任公司	孝感市	木材加工和木、竹、藤、棕、草制品业	228951	
45	湖北京山轻工机械股份有限公司	荆门市	专用设备制造业	224888	
46	健民药业集团股份有限公司	武汉市	医药制造业	216147	
47	湖北孝棉实业集团有限责任公司	孝感市	纺织业	213997	
48	湖北长江电气有限公司	武汉市	电气机械和器材制造业	212812	
49	宜昌东阳光药业股份有限公司	宜昌市	医药制造业	209316	
50	武汉中海粮油工业有限公司	武汉市	农副食品加工业	208424	
51	武汉长利玻璃（汉南）有限公司	武汉市	非金属矿物制品业	206591	
52	襄阳鲁花浓香花生油有限公司	襄阳市	农副食品加工业	205285	
53	奥美医疗用品股份有限公司	宜昌市	医药制造业	202751	

续表

序号	企业名称	地区	所属行业	营业收入总额（万元）	备注
54	湖北神河汽车改装（集团）有限公司	十堰市	汽车制造业	200854	
55	武汉第二电线电缆有限公司	武汉市	电气机械和器材制造业	194626	
56	武汉金发科技有限公司	武汉市	橡胶和塑料制品业	190966	
57	娲石水泥集团有限公司	武汉市	非金属矿物制品业	183604	
58	襄阳龙蟒钛业有限公司	襄阳市	化学原料和化学制品制造业	181868	
59	湖北京兰水泥集团有限公司	荆门市	非金属矿物制品业	180068	新增
60	湖北三丰智能装备股份有限公司	黄石市	通用设备制造业	179191	新增
61	湖北恒畅工贸有限公司	武汉市	金属制品业	174261	新增
62	湖北回天新材料股份有限公司	襄阳市	化学原料和化学制品制造业	173967	
63	宜昌阿波罗肥业有限公司	宜昌市	化学原料和化学制品制造业	173080	新增
64	联塑科技发展（武汉）有限公司	武汉市	橡胶和塑料制品业	169365	新增
65	田野集团股份有限公司	咸宁市	黑色金属冶炼和压延加工业	165093	
66	宜都市仝鑫精密锻造有限公司	宜昌市	专用设备制造业	164964	
67	湖北六国化工股份有限公司	宜昌市	化学原料和化学制品制造业	159839	新增

续表

序号	企业名称	地区	所属行业	营业收入总额（万元）	备注
68	襄阳泽东化工集团有限公司	襄阳市	化学原料和化学制品制造业	155094	
69	荆州市江汉精细化工有限公司	荆州市	化学原料和化学制品制造业	153036	
70	湖北东圣化工集团有限公司	宜昌市	化学原料和化学制品制造业	152505	
71	福耀玻璃（湖北）有限公司	荆门市	其他制造业	150287	新增
72	湖北新生源生物工程有限公司	荆州市	食品制造业	148449	
73	宜都长江机械设备有限公司	宜昌市	金属制品、机械和设备修理业	143637	
74	湖北潜江金华润化肥有限公司	潜江市	其他制造业	140962	
75	湖北振华化学股份有限公司	黄石市	化学原料和化学制品制造业	140486	
76	湖北奥瑞金制罐有限公司	咸宁市	金属制品业	140396	
77	荆门新洋丰中磷肥业有限公司	荆门市	化学原料和化学制品制造业	139530	
78	湖北新火炬科技有限公司	襄阳市	汽车制造业	136059	
79	湖北鼎龙化学股份有限公司	武汉市	计算机、通信和其他电子设备制造业	133760	
80	湖北楚凯冶金有限公司	襄阳市	有色金属冶炼和压延加工业	133550	
81	宜昌鄂中化工有限公司	宜昌市	其他制造业	132208	
82	宜昌南玻硅材料有限公司	宜昌市	其他制造业	129688	

续表

序号	企业名称	地区	所属行业	营业收入总额（万元）	备注
83	湖北神丹健康食品有限公司	孝感市	农副食品加工业	125160	新增
84	湖北大江环保科技股份有限公司	黄石市	废弃资源综合利用业	124975	
85	武汉航达航空科技发展有限公司	武汉市	铁路、船舶、航空航天和其他运输设备制造业	116718	新增
86	湖北新蓝天新材料股份有限公司	仙桃市	化学原料和化学制品制造业	116118	新增
87	武汉东进塑胶有限公司	武汉市	橡胶和塑料制品业	113322	新增
88	武汉高德红外股份有限公司	武汉市	计算机、通信和其他电子设备制造业	108362	
89	湖北金安纺织集团股份有限公司	荆州市	纺织业	107434	
90	湖北力帝机床股份有限公司	宜昌市	专用设备制造业	105484	新增
91	华新水泥（襄阳）有限公司	襄阳市	其他制造业	104271	新增
92	潜江永安药业股份有限公司	潜江市	化学原料和化学制品制造业	100540	新增
93	武汉鲁华泓锦新材料有限公司	武汉市	石油加工、炼焦和核燃料加工业	100463	新增
94	湖北雄韬电源科技有限公司	荆门市	其他制造业	99050	新增
95	湖北东润汽车有限公司	襄阳市	汽车制造业	97488	

续表

序号	企业名称	地区	所属行业	营业收入总额（万元）	备注
96	嘉施利（宜城）化肥有限公司	襄阳市	其他制造业	95000	新增
97	湖北精华纺织集团有限公司	咸宁市	纺织业	93120	新增
98	伟嘉纺织集团有限公司	荆门市	纺织业	91667	新增
99	湖北庐陵王酒业有限责任公司	十堰市	酒、饮料和精制茶制造业	91226	
100	湖北丽源科技股份有限公司	荆州市	其他制造业	89911	新增

附件 3.3：

2018 年湖北省民营企业服务业 20 强名单

序号	企业名称	地区	所属行业	营业收入总额（万元）	备注
1	九州通医药集团股份有限公司	武汉市	批发业	8713636	
2	卓尔控股有限公司	武汉市	综合	8226308	
3	恒信汽车集团股份有限公司	武汉市	批发业	5413626	
4	天茂实业集团股份有限公司	荆门市	保险业	3095084	新增
5	福星集团控股有限公司	孝感市	综合	2812932	

续表

序号	企业名称	地区	所属行业	营业收入总额（万元）	备注
6	武汉当代科技产业集团股份有限公司	武汉市	综合	2772438	新增
7	武汉市金马凯旋家具投资有限公司	武汉市	综合	2368795	
8	武汉联杰能源有限公司	武汉市	批发业	1917896	
9	合众人寿保险股份有限公司	武汉市	保险业	1695732	
10	湖北今日头条科技有限公司	武汉市	软件和信息技术服务业	1017341	新增
11	熠丰（武汉）能源有限公司	武汉市	批发业	824810	
12	奥山集团	武汉市	综合	721291	
13	碧桂园城市置业（武汉）有限公司	武汉市	房地产业	688005	新增
14	湖北盛世欣兴格力电器销售有限公司	武汉市	批发业	677487	
15	良品铺子股份有限公司	武汉市	零售业	637756	
16	湖北纳杰人力资源有限公司	武汉市	其他服务业	625496	
17	湖北国贸大厦集团有限公司	宜昌市	零售业	570000	
18	富德生命人寿保险股份有限公司湖北分公司	武汉市	保险业	556904	
19	武汉伟鹏控股有限公司	武汉市	房地产业	550149	新增
20	武汉工贸有限公司	武汉市	零售业	515578	

第四篇
湖北省民营企业社会责任发展调研报告

企业社会责任（Corporate social responsibility）是指企业在创造利润、对股东和员工承担法律责任的同时，还要承担对消费者、社区和环境的责任，企业的社会责任要求企业必须超越把利润作为唯一目标的传统理念，强调要在生产过程中对人的价值的关注，强调对环境、消费者、对社会的贡献。企业作为市场主体，不仅要履行实现利润、创新发展等经济责任，也要履行贡献税收、提供就业、保护环境等法定责任，还要履行基于自身能力的公益慈善、社会价值引导等道义责任。

在新时代背景下，民营企业履行社会责任，既是党和政府的政策要求，也是民营企业实现高质量发展的客观需要。习近平总书记指出："只有积极承担社会责任的企业才是最有竞争力和生命力的企业。"[1] 中共中央、国务院《关于营造企业家健康成长环境弘扬优秀企业家精神更好发挥企业家作用的意见》（中发〔2017〕25号）中，明确将"履行责任、敢于担当、服务社会"归为企业家精神的重要组成部分。

改革开放40年来，民营经济从"星星之火"到"燎原之势"，成为全省经济稳定增长的"千斤顶"、繁荣市场的支撑力量、推动科技创新的重要引擎。广大民营企业家秉持"义利兼顾，以义为先"的价值观，争做创新发展的引领者、脱贫攻坚的参与者、环境生态的守卫者、慈善事业的先行者，在履

---

[1] 《企业应将履行社会责任提升到战略高度》，人民网，http：theory. people. com. cn/nl/2017/0724/c40531-29423329. html。

行社会责任方面取得了显著成效。

为全面了解湖北省民营企业履行社会责任的主要特征，展现民营企业家敢于担当、服务社会的良好形象，湖北省工商联会同中南财经政法大学大数据研究院围绕湖北省民营企业履行社会责任深入开展调研。本次民营企业履行社会责任调研，湖北省共有 749 家民营企业参与，实现全省 17 个市州、直管市、神农架林区全覆盖和主要行业的全覆盖。调研发现湖北民营企业履行社会责任的意识不断提升，绩效越来越显著。

一、湖北省民营企业社会责任发展调研总报告

（一）基本情况

1. 推进创新驱动，经济贡献持续加大

一是民营企业整体实力不断增强。2018 年，全省民营经济增加值达到 2.2 万亿元，占 GDP 比重达 55.7%，较 2017 年提高了 0.7 个百分点，对经济增长贡献率达 57.7%，对税收增长贡献率达 59%。民间投资占全省固定资产投资比重超六成，民间工业投资占工业投资比重超八成。在中国民营企业 500 强中，湖北省有 15 家企业上榜，入围企业数与河南在中部并列第一、全国并列第八。

参与调研的 749 家民营企业，2018 年营业收入总额达到 4536.6 亿元，资产总额达到 3964.6 亿元，纳税总额达到 304.4 亿元，净利润高达 221.3 亿元，2018 年较 2017 年的民营经济主要指标实现了两位数的增长（见表 4.1）。

表 4.1 参与调研的民营企业主要经济指标

	2018 年	2017 年	增长率（%）
营业收入总额（亿元）	4536.6	3985.0	13.8
资产总额（亿元）	3964.6	3259.7	21.6
纳税总额（亿元）	304.4	273.8	11.9
净利润（亿元）	221.3	139.1	59.1
就业人数（万人）	19.1	17.7	7.9

二是民营企业大力推动科技创新。2018 年湖北省专利注册数达 14925 件，同比增加 8.6%，商标数量达 13093 件，增幅为 2.4%。参与调研的民营企业研发经费占总收入的比例在 5% 以上、3%~5%、1%~3%，1% 以下的民营企业分别为 22%、33%、26%、19%（见图 4.1）。研发投入方向以自主开发、产学研合作、引进人才为主要投入方向。60.6% 的研发机构组建形式是企业自建，其次是与高校、科研院所合建。

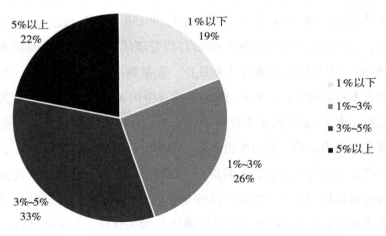

图 4.1　参与调研的民营企业研究经费占总收入比例情况

民营企业以创新驱动为引领，切实履行社会责任。调研显示，民营企业将创新作为企业的发展战略，引入并培养高素质人才，营造良好科技创新环境，鼓励大胆探索的方式为主，推动科技创新方式的占比分别为 76.6%、72.8%、51.1%。另外，45.7% 的民营企业通过加大科研人员激励力度的方式鼓励创新，44.1% 的企业通过企业技术中心、实验室建设以及知识产权保护的方式推动科技创新。

民营企业以创新人才培育为抓手，激发企业创新活力。被调研的民营企业的培训覆盖率达到 92.8%，同比增长 3.0%；培训投入金额达到 6.8 亿元，同比增长 29.5%。企业积极引入并培养高素质人才，84.5% 的企业建立和完善与人才贡献相适应的收入、分配机制，63.3% 的企业选择推进创新文化建设、营造创新环境。部分企业还采取其他方式，比如提供出国考察、院校深造等各种学习培训机会，提供创业基地和创业基金等，多措并举实现专业人才留存与培养。

三是民营企业实施品牌认证驱动战略。调研显示，73.1% 的被调研企业在品牌建设上选择培育自有品牌，67.1% 制定品牌战略与发展规划，50.2% 拓展品牌推广渠道，45.1% 实现品牌升级。企业积极参与制定国际、国家、行业、地方及团体标准，749 家企业中牵头制定标准 139 项，参与制定标准 203 项。调研显示，33.5% 的企业通过 ISO14000 环境管理体系认证，23.6% 的企业通过 OHSAS18000 职业健康安全管理体系认证。在品牌商标知名度方面，20% 的民营企业拥有本省名牌产品，8.8% 的企业拥有中国驰名商标。在企业获得最高质量奖方面，有 84 家民营企业获得质量奖项，其中 16.9% 的民营企业获得的最高奖项是中国质量奖，23.4% 的企业表示获得的最高奖项是省级质量奖。

四是产品质量与服务意识不断提升。调研显示，71% 的被调研民营企业建立了严密的质量检测体系，70% 的民营企业的产品达到规范化和标准化生产，60% 的民营企业通过 ISO9000 等质量管理体系相关认证，43% 的民营企业构建了产品质量改进机制，48% 的民营企业建立质量安全追溯体系，46% 的民营企业建立服务管理保证体系，55% 的民营企业建立完善的服务质量标准，42% 的民营企业建立服务质量监督部门，51% 的民营企业开展行业认证和产品质量认证（见图4.2）。

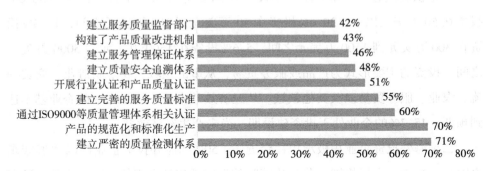

图4.2　湖北省民营企业产品服务质量管理情况

五是供应链管理逐步完善。调研显示，73%的民营企业公开采购信息，签订、执行合同，88%的民营企业采购价格合理并按期付款，58%的民营企业将道德、环境等相关社会责任要求纳入采购合同，73%的民营企业要求供应商具备法律所要求的资质，37%的民营企业要求供应链企业委托第三方进行社会责任审核或出具社会责任尽职调查报告，54%的民营企业通过保持、增加订单或提供长期合同的方式鼓励供应商积极履行社会责任，35%的民营企业培训、辅导供应链开展社会责任建设与管理（见图4.3）。

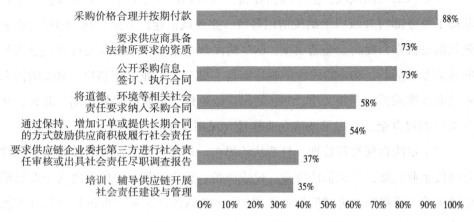

图4.3　湖北省民营企业供应链管理采取的措施

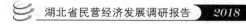

2. 响应国家政策，抢抓重大发展机遇

一是积极投身"一带一路"建设。有 54 家企业参与了投资，其中 50.0% 投资在 50 万美元以下，29.6% 投资在 50 万美元到 300 万美元之间，14.8% 投资在 300 万美元到 1500 万美元之间，5.6% 投资在 1500 万美元到 5000 万美元之间。投资的主要形式为产品或服务贸易，从事的领域主要是制造业、商贸物流、农业、服务贸易以及其他领域。从经济效益来看，约 38.3% 的企业基本达到预期，45.7% 的企业处于投资建设期，尚未产生经济效益。

二是海外投资企业积极承担社会责任。50% 的海外投资企业都以"遵守东道国法律法规、市场规则、劳工政策"的形式承担社会责任，除此之外，还有通过"尊重东道国文化和宗教信仰影响""了解利益相关方的期望和诉求，加强和利益相关方沟通""注重当地生态环境保护与治理"的方式履行社会责任，分别占比 38.5%、36.1%、28.7%。除了问题中所涉及的方式之外，有 38.5% 的企业还以其他未列出的形式承担社会责任。海外投资企业面临"商业环境""文化差异产生误解和矛盾""劳工政策及工会"等风险，39.4% 的海外投资企业主要通过履行社会责任、树立良好形象来应对风险，30.8% 的企业对外派人员进行入职培训来提高社会责任的履行状况。

3. 履行法律责任，夯实社会稳定基础

一是依法贡献税收，坚持诚信经营。参与调研的企业中，有 95% 民营企业获得了税务部门 B 级以上纳税信用等级。企业诚信建设方面，78% 的民营企业强化信息披露，提高企业透明度，69% 的民营企业参与了政府或行业协会组织的诚信专项活动，80% 的民营企业建立起了健全的企业信用制度，80% 的民营企业形成讲诚信的企业文化，58% 的民营企业建立了诚信奖惩机制。此外，还有 40% 的民营企业获得了诚信企业称号（见图 4.4）。

二是依法合规经营管理，打造法治民企。调研显示，83% 的民营企业已建立现代企业制度，确保依法决策、民主决策、科学决策；81% 的民营企业已形成讲法治、讲规则、讲诚信的企业文化；69% 的民营企业已推进厂务公开和民主管理，妥善处理劳动争议，在法治框架内构建和谐劳动关系；此外，还有

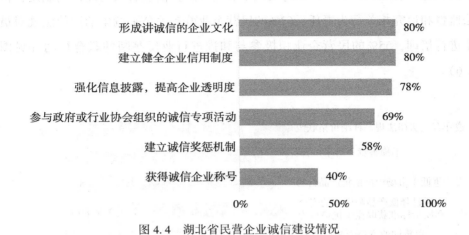

图 4.4 湖北省民营企业诚信建设情况

68%的民营企业已建立健全合同审核、决策论证等相关环节法律风险控制体系和预警防范机制（见图 4.5）。

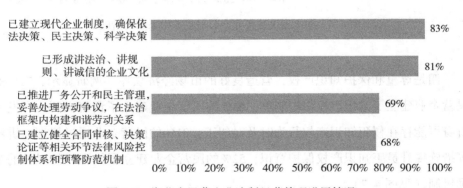

图 4.5 湖北省民营企业法制经营管理进展情况

三是营造公平竞争的营商环境，展现民企新风貌。调研显示，93%的民营企业遵守有关法律法规，杜绝价格联盟，84%的民营企业不损害竞争对手声誉，82%的民营企业无严重低于市场价格销售产品行为，80%的民营企业没有通过降低产品和服务的安全和质量标准获取竞争优势行为，75%的民营企业尊重同业竞争者知识产权，60%的民营企业建立防止商业腐败与贿赂的制度，依法监督和追究相关行为责任，62%的民营企业就有关公平竞争的法律法规对员工进行培训，55%的民营企业积极参与和推进行业反垄断的联合行动（见图4.6）。

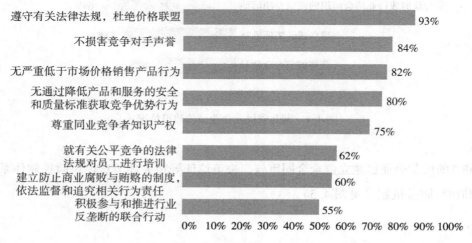

图 4.6　湖北省民营企业在公平竞争中采取的措施

四是尊重和保护知识产权，营造良好的市场经济秩序。调研显示，72%的民营企业建立了知识产权保护制度，64%的民营企业建立了预警机制，在发现自身可能存在侵犯知识产权行为时及时纠正，81%的民营企业通过培训、讲座等措施提升员工知识产权保护意识，52%的民营企业建立了知识产权保护的激励机制（见图4.7）。

五是落实廉洁风险防控制度，承担反腐社会责任。调研显示，65%的民营企业建立了廉洁风险防控制度，73%的民营企业开展廉洁风险防控的相关教育和培训，56%的民营企业组织部门负责人及重点部门人员签订反对商业贿赂协议或建立相关责任制，76%的民营企业对发现的问题进行责任追究，52%的民营企业对举报人采取保护措施（见图4.8）。

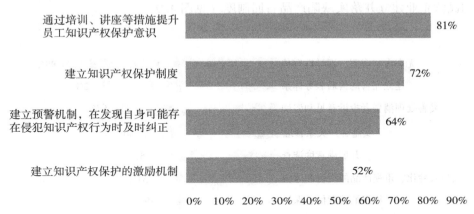

图 4.7　湖北省民营企业在尊重和保护知识产权中采取的措施

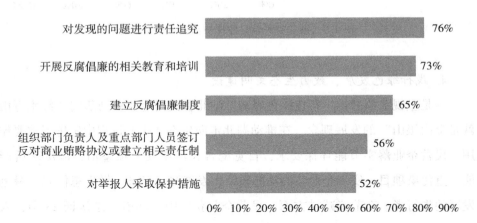

图 4.8　湖北省民营企业在反腐倡廉方面采取的措施

　　六是依法保护消费者权益，完善管理制度。调研显示，在保护消费者权益方面，有88%的民营企业做到了无夸大、虚假、误导性宣传，46%的民营企业为消费者提供个性化定制产品，51%的民营企业服务人性化、重视产品的交付和体验，72%的民营企业建立完善的售后服务体系，67%的民营企业能够注重妥善处理消费者投诉意见和咨询，56%的民营企业有实施客户关系管理，52%

的民营企业开展满意度调查，49%的民营企业注重加强消费者信息保护，42%的民营企业建立并落实缺陷产品召回制度（见图4.9）。

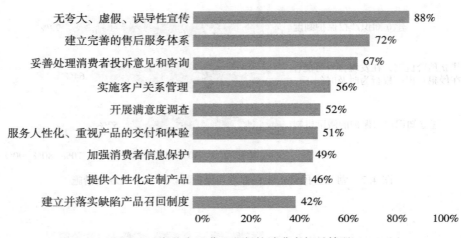

图4.9　湖北省民营企业保护消费者权益情况

4. 践行绿色发展，致力生态文明建设

一是重视节能减排，打造绿色经济。湖北省民营企业贯彻落实"绿水青山就是金山银山"的发展理念，在推动湖北走向生态文明的过程中发挥了重要作用。民营企业落实节能环保要求，自觉配合长江岸线专项整治，淘汰落后产能、重污染项目，实现企业新旧动能转换，发展绿色经济，做生态优先、绿色发展的先行者。在节能减排方面，民营企业获得国家环境标志认证23项，入选国家有关部委推荐目录的产品数量7个。在企业降污减排措施方面，多数民营企业重视科技创新，自主研发绿色产品，54.6%的企业实施绿色改造，建设绿色工厂。32.8%的企业采取绿色办公，打造绿色供应链。69.3%的企业开展清洁生产。72.3%的企业采用节能环保的原材料进行生产，实现了环境保护和企业经营的双赢。48.5%的民营企业积极调整产业结构，转变自身的经济发展方式，正在逐步淘汰高耗能、高污染的产品（见图4.10）。

二是推进资源节约和利用，实现效益双赢。调研显示，73.8%的民营企业

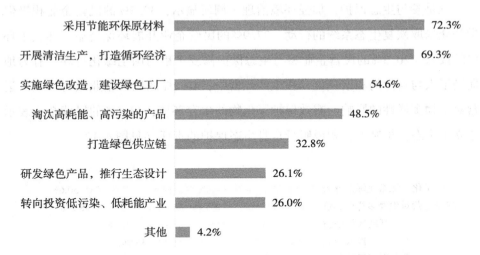

图 4.10　企业降污减排的措施

资源使用和能耗符合国家规定，50.7%的民营企业调整自身能源使用结构，提高清洁能源占比，24.1%的民营企业设立节能设备改造的专项资金，22.3%的民营企业采取引导产业链节能的措施（见图 4.11）。

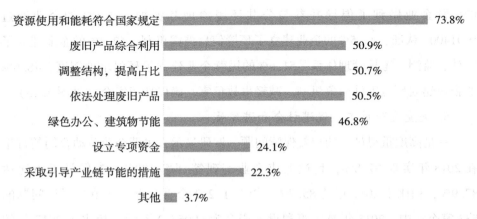

图 4.11　企业在资源节约和利用方面的表现

三是参与生态保护，加强环境治理。调研显示，30.3%的民营企业积极倡导公众采取恢复生态系统的行动，37.9%的民营企业开展环保公益，加大了环保的投入。20.3%的民营企业参与生态保护修复工程与国土绿化行动，有力地促进了人与自然的和谐相处。在生产经营中，48.2%的民营企业致力于减少运营对生物多样性的影响，有效保护了生物的生存环境；33.6%的民营企业表示建立了生态保护制度，积极履行自身生态保护的责任（见图4.12）。

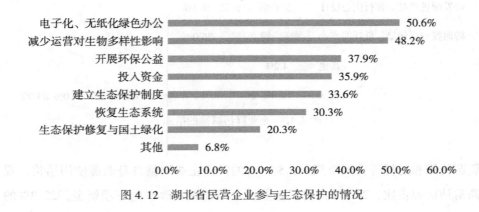

图4.12　湖北省民营企业参与生态保护的情况

调研显示，71.0%的民营企业拥有负责环境保护管理的相关部门，56.9%的民营企业做到了倡导并参与公共环境治理和保护，25.9%的企业通过ISO14001认证，23.5%的企业建立了环境信息披露机制，42.4%的企业建立了统计、监测、考核管理体系，51.6%的民营企业建立了环保培训制度，48.6%的企业建立环境事件应急机制，减轻事故危害，确保环境安全（见图4.13）。

5. 关爱企业员工，促进社会和谐发展

一是高度重视员工的权益保障问题。调研显示，民营企业劳动合同签订率在2018年实现97.8%，超过七成企业实现签订率100%。参保员工占比达87.9%，相比于2017年的85.7%，提升了2.2个百分点。在填写了该问题的533家企业中，2018年员工福利投入资金为69054.2万元，相比于2017年的58799.8万元，增幅达17.4%。对困难员工帮扶投入增长率达到25.9%，参与

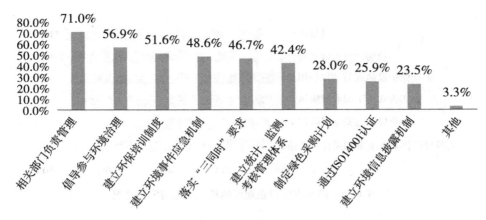

图 4.13　湖北省民营企业落实环境管理的情况

企业数量从 2017 年的 394 家增长至 2018 年的 403 家（见表 4.2）。

表 4.2　　　　　　　　湖北省民营企业员工保障指标

	2018 年	2017 年	增长率（%）
劳动合同签订率	97.8%	95.8%	2.0
参保员工占比	87.9%	85.7%	2.2
员工体检覆盖率	92.3%	91.7%	0.6
工会入会率	87.0%	85.5%	1.5
员工福利投入（万元）	69054.2	58799.8	17.4
困难员工帮扶投入（万元）	5178.0	4111.9	25.9

　　二是普遍关注员工职业健康安全，构建企业安全保障体系。调研显示，74%的民营企业为员工做健康体检，72%的民营企业为员工购置劳动保护设施或劳动保护用品，72%的民营企业对员工进行健康与安全宣传教育。部分民营企业取得职业健康与管理体系（OHSMS）认证，实施员工心理援助计划（EAP），并配备专业人士、医疗室，对员工进行心理疏导，减轻员工心理压力，提升员工感知价值，增强企业的凝聚力（见图 4.14）。

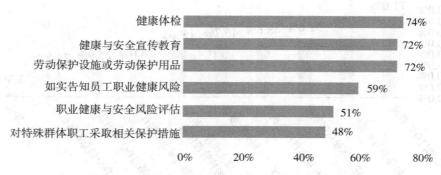

图 4.14　湖北省民营企业保障员工健康与安全情况

三是鼓励员工参与民主管理，营造和谐的劳动关系。调研显示，86.4%的民营企业设置了工会。民营企业进行民主沟通的方式有很多，主要集中于利用职代会、进行厂务公开与面对面沟通的形式，分别占比 58.1%、53.5%、83.7%。另外还有利用自由媒介、民主恳谈会、设立领导信箱和劳动关系协调师来进行民主沟通（见图 4.15）。

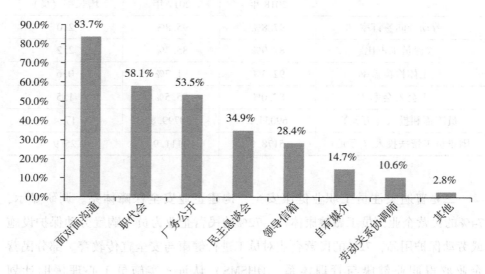

图 4.15　湖北省民营企业民主沟通渠道

四是采取多元化的福利措施提升员工幸福感。在采取的福利措施中，湖北省民营企业多采取提供员工餐厅、宿舍、节日生日福利、降温费与取暖费等行式，分别占 82.3%、72.9%、71.3% 和 56.3% 的民营企业。在关爱方式中，湖北省民营企业主要通过组织员工文化娱乐活动、帮扶困难员工和关心员工及家属的身心健康三种方式来关心员工，分别占 25.8%，25.7% 和 24.3% 的民营企业。民营企业支持员工学习发展的方式主要是轮岗、交流、建立外派制度，占比 78.8%，另外，建立职业发展多通道道路、为员工制定职业生涯发展规划、制定终生学习计划的企业分别占比 47.1%、35.5%、21.8%。支持员工进行志愿服务方面，67.9% 的企业愿意将员工的支援服务时间算入工作时间，愿意通过"资金配套支持"和给予员工"带薪公益假"的企业分别占比 30.3%、42.9%，解决就业方面，有 33.8% 的民营企业安置了 2131 位残疾人，36.2% 的民营企业解决了 2171 复转军人的就业问题，2.1% 的民营企业安置了 37 位刑满释放人员。

6. 坚持党建引领，落实企业社会责任

一是党组织引领民营企业健康发展。调研显示，68.8% 的民营企业设立了党组织，在设置党组织的企业中，有 77.2% 的企业能定期召开三会一课。党建引领促进民营企业家增强社会责任感，积极履行社会责任，既有利于民营企业家的自身成长，也有利于民营企业的健康发展。调研显示，管理层中的党员占比相对较高，平均达到了 15.3%，基层员工中的党员占比相对较低，为 10.1%。另外，54.8% 的民营企业认可党组织可以参与企业内部的重要决策，党建能够引导企业依法经营健康发展、能够参与企业文化建设、在生产经营方面发挥党员模范带头作用、指导工会和团组织发挥作用、有助于开展思想政治工作、化解矛盾和风险隐患等（见图 4.16）。

二是积极参与援疆援藏，助推边疆发展稳定。2018 年 7 月，12 家民营企业随湖北省党政代表团到新疆、西藏考察，公益捐赠 900 万元（新疆 400 万元、西藏 500 万元）、劲酒 200 箱，民营企业与新疆博州、五师双河市签订合作项目 8 个，首期意向总投资 7 亿元。2018 年，湖北省工商联协助新疆、西

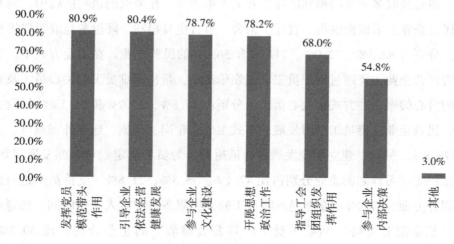

图 4.16 党建在民营企业发展中发挥的作用

藏在武汉举办了 5 场次招商引资推介会，参会民营企业达到 500 多家。

三是社会责任管理状况落实基本到位。调研显示，71.1%的民营企业在企业内部文件中包含了企业社会责任内容；58.4%的企业高层人员曾在公开演讲中提及了民营企业社会责任这一话题；36.9%的企业在对外公布的发展战略中包含企业社会责任的内容。在民营企业社会责任管理体系中，企业社会责任工作负责人大多为董事长和总经理。社会责任管理一般不设专门负责部门，由其他部门兼职负责。141 家企业拥有专门社会责任管理的部门，68.4%的民营企业把社会责任理念融入运营管理和活动中，61.5%的企业把社会责任理念在公司的战略、目标和指标中反映出来，58.8%的民营企业营造并培育履行社会责任的环境和文化，57.0%的企业建立与利益相关方双向沟通的常态机制。

7. 热心公益慈善，助力打赢脱贫攻坚

一是积极响应党的号召，助力脱贫攻坚。"千企帮千村"精准扶贫行动，自 2016 年 2 月启动以来，湖北省委、省政府高度重视，广大民营企业参与面持续扩大，帮扶成效稳步提升，影响力逐步显现。截至 2019 年 7 月 1 日，全省共有 6089 家民营企业结对帮扶 5817 个贫困村，其中建档立卡贫困村 3438

个，帮扶辐射 64 万贫困人口，投入产业帮扶资金 45.6 亿元。湖北省民营企业精准扶贫项目特点见图 4.17。"五联五帮"活动获评 2018 年度创新中国省级工商联优秀案例。2018 年 10 月，全国工商联、国务院扶贫办表彰了 100 家全国"万企帮万村"精准扶贫行动先进民营企业，湖北省 7 家企业受到表彰。

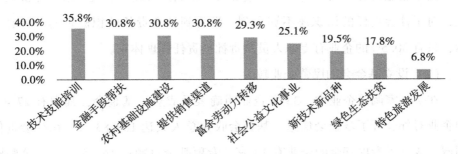

图 4.17　湖北省民营企业精准扶贫项目特点

二是民营企业高度重视光彩事业，基金会资金来源广泛。调研显示，在设置企业慈善基金会的湖北省民营企业中，75.0%的民营企业基金会资金来源于企业资助，43.3%的民营企业基金会资金来源于企业家本人捐助，16.7%的民营企业基金会资金来源于多渠道定向募捐。73%的设置企业慈善基金会的民营企业选择信息公开，89%的企业家未在基金会任职（见图 4.18、图 4.19）。

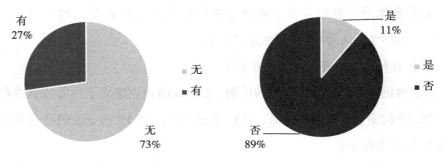

图 4.18　企业基金会信息有无公开　　图 4.19　企业家是否任职于企业慈善基金会

（二）主要发现及建议

1. 主要发现

（1）企业对社会责任认识不够

由于企业自身规模限制，企业重心大多放在扩大经营规模和增加经济效益上，对于社会责任的认识还不够深刻，没看到社会责任的积极影响。调研显示，只有30.5%的企业有专职人员负责社会责任管理体系。

（2）设立基金会的民营企业较少

在749家调研企业中，33家企业明确表示成立了基金会，其中有27.4%的企业对外公开了基金会信息，基金会收益总人数达109283人。在社会责任领域，成立了专项基金的企业有18家，专项基金总额达16455万元。这些资金主要来源渠道是企业资助和企业家本人捐助，占比75%、43.3%，少部分来源于多渠道定向募捐，占比16.7%，只有1家民营企业的基金额来源于投资理财增值收益和服务性收费。

（3）编制社会责任报告动力不足

参与该问题调研的民营企业中有22家企业发布过企业社会责任报告，占比为2.9%，其中，6家企业的报告经过了专业第三方评价，以第三方专业团队为单位编制报告的仅有3家，即民营企业发布的社会责任报告公信力度有限。有意愿和没有意愿发布企业社会责任报告的民营企业大致相当，各占44.3%、44.9%，认为可有可无的占10.8%。

（4）在绿色节能环保方面存在不足

28.0%的企业制定有绿色采购计划，23.5%的企业建立了环境信息披露机制，26.1%的企业研发绿色产品，推行生态设计，30.3%的企业倡导公众采取恢复生态系统的行动。

（5）人才激励举措不够

在推进科技创新举措选项上，不到50%的企业愿意提供专项经费，而给予创新人才的培育举措中，愿意为员工提供股票和住房、提供创业集体和创业基金的企业不足 20%，愿意给予人才深造机会或者允许其试错的企业只有 25%。

（6）产品质量与售后服务存在不足

大部分的企业并不会重点关注质量问题。调研显示，约 14.5% 的民营企业建立了严密的质量监控系统，14.2% 的企业实现了产品的规范化和标准化生产，12.3% 的企业通过了 ISO9000 等质量管理体系相关认证，说明企业质量监控实施情况总体不佳。能够提供个性化服务的民营企业约占 45.5%，提供售后服务的约占 72.1%。处理客户关系，关注客户满意度的约占 51.9%，能够做到产品召回的约占 42.0%。

2. 对策建议

（1）强化政策和支持引导，鼓励企业全面履行社会责任

鼓励民营企业积极履行社会责任，为企业科学履行社会责任创造良好的政策环境。对积极履行企业社会责任的民营企业，应加以表彰和奖励，在法律政策允许的范围内，在税费、融资、厂区建设、政府采购、政府购买服务等方面给予优惠，并对不承担社会责任的民营企业予以批评与限制。党委、政府应积极承担起组织者的责任，每年定期组织开展社会责任培训、专题研讨、搭建社会责任网络平台，举办社会责任相关的交流学习活动，邀请民营企业领导共商共议，传播企业社会责任善举和实践经验，解读企业社会责任的核心及关键内容，避免认识和实践误区。健全相关法律法规，将社会责任的履行从道德层面上升到法律层面，推进企业社会责任标准化建设，用法律形式来约束和规范企业行为，建立推进企业社会责任的引导机制。

（2）创新驱动和品牌建设，引导推动企业社会责任建设

加速构建军民融合、校企合作、产学合作的长效沟通机制，加强企业与大专院校、科研院所的合作，积极创建各类研发机构，引导和支持有条件的民营企业创建公共资源共享平台。鼓励民营企业牵头参与各类科技计划项目的科研攻关，提升企业自主研发与产学研合作创新能力。改进金融服务，打造优良金

融环境。深入开展金融服务整治专项行动，建立完善政府融资担保体系，压实金融机构服务实体经济责任，着力解决民营企业融资难融资贵问题，必要时通过财政拨款、股权投资等途径，为民营企业履行社会责任提供资金支持。推进民营企业质量品牌建设。引导民营企业提高质量管理水平，指导和帮助企业落实质量主体责任，健全质量保证体系，完善自律机制。建立以组织机构代码实名制为基础的企业质量信用档案，以物品编码为溯源手段的产品质量信用信息平台，完善质量诚信建设。

（3）探索模式和打造标杆，大力弘扬企业社会责任意识

探索履行社会责任的新模式。以商会、行业协会为主导，发布行业协会责任指南和公约，发起行业社会责任倡议，推动会员企业社会责任建设，促进行业健康发展，强化社会责任工作与解决实际问题和进行行业自律等工作相结合，探索符合行业特色的社会责任推进模式。开展履行社会责任试点。选择合适的民营企业开展社会责任研究试点，协助建立并完善社会责任工作体系，形成可复制的经验，以点带面，最终带动整个地区民营企业的社会责任发展。推动实施"民营龙头企业培育计划"专项工程，着力打造一批规模大、实力强、主业突出、具有自主知识产权和核心竞争力的行业领军企业。

（4）完善标准和信息披露，提升企业履行社会责任水平

建立湖北省民营企业社会责任考核评价机制，以评促建、以评促改、以评促改、以评促管，全面、客观、完整地披露企业社会责任绩效、履责做法以及取得的效果，让企业社会责任报告成为利益相关方以及全社会的重要沟通方式，提升民营企业的透明度，从而获得利益相关方的了解、认同和支持。建立民营企业履行社会责任信息披露机制。在湖北省成立第三方民营企业履行社会责任评级机构并建立民营企业社会责任数据库，监督民营企业的企业社会责任履行情况并登记入库，及时督促民营企业发布企业社会责任报告。

二、湖北省民营企业社会责任发展案例报告

劲牌公司：正者劲牌，责任立身

编者按：一直以来，劲牌以"国家兴亡、我的责任""情系社会、共创繁荣"为企业社会理念，以"树正气、有担当、可持续"为企业核心价值观，并积极履行企业社会责任。据统计，公司历年来公益慈善事业累计投入逾 20 亿元。2008 年、2010 年、2018 年，公司先后三次荣获国家民政部颁发的"中华慈善奖"。2017 年 10 月，公司荣获全国"万企帮万村"精准扶贫行动先进民营企业奖。2018 年 12 月，公司荣获"全国就业与社会保障先进民营企业"称号。此外，公司先后五次被评为国家级"守合同、重信用"企业。

（一）企业概况

劲牌有限公司创立于 1953 年，历经 60 余年发展，现已成为一家专业化健康食品企业。公司拥有保健酒、白酒和生物医药三大业务，以及"中国劲酒""毛铺苦荞酒"两大品牌。目前，公司拥有 350 亩保健酒工业园、930 亩小曲原酒生态园、1100 亩生物医药产业园，在黄石大冶湖高新区新建 1119 亩健康白酒产业园，并在全国药材道地产区建有 1 万余亩中药材种植基地。公司建有国内领先的中药数字化提取车间，年产保健酒综合能力达 16 万吨。公司坚持走质量效益型发展道路，并持续多年领跑中国保健酒行业。2018 年，企业营业总额达 102.5 亿元，同比增长 12.38%，员工总数 5000 余人，缴纳税款逾 26 亿元。

劲牌始终将改善民众健康状况、提升民众生活品质作为矢志不移的奋斗目标，坚持以技术创新为发展驱动力，加速创新步伐，推动行业进步，全面深入地掌握生产优质产品的专业技术，以安全、优质、绿色、健康的产品回报社

会。劲牌公司坚持以人为本，视员工为企业发展最为宝贵的财富，在员工中积极倡导"快乐工作，幸福生活"的理念，并通过多种方式不断提升员工的幸福感。公司员工参保率、体检覆盖率、劳动合同签订率均达到 100%。

（二）播洒阳光 助力梦想

"劲牌阳光班"是劲牌公司开展时间较早、持续时间最长、跨地区最广、单项捐赠资金最多、影响力最大的慈善项目。

助力贫困学子圆梦大学。2004 年起，首个"劲牌阳光班"在湖北黄冈中学正式开班，班上所有学生得到了劲牌资助的三年学费以及生活费补助，除了资金上的帮助，更有意义的是，劲牌给予了每位贫困学子求学的信心和改变命运的勇气。2018 年劲牌在各省新增设了 22 个阳光班，14 年来，劲牌公司先后在全国 31 个省市自治区的 89 所高中开设了 417 个"劲牌阳光班"，累计投入2 亿余元，向 20000 名品学兼优、家庭贫寒的学生伸出援助之手，帮助他们顺利完成高中学业，进入高等学府深造；阳光学子们也努力学习成才，向社会交出了一份份满意的答卷。

不断创新助学助教模式，深入探讨教学管理问题，力求"劲牌阳光班"项目的可持续发展。2017 年 9 月 22—23 日，劲牌公司组织举行"阳光论坛"活动，活动加强了承办学校之间的交流，承办学校就管理模式、教学经验等问题进行探讨。来自全国 28 个省市自治区阳光班师生代表，13 家省市慈善总会代表，共计 230 余人参加了此次论坛活动。本次"阳光论坛"，特别邀请湖北省及承办地慈善界领导、教育界专家以及阳光班师生参与活动，多维度阐述阳光班项目承办经验，分享实施过程中的具体做法。北京师范大学教育学博士毛亚庆以"新常态、新教育、新学校"为主题，对学校的未来发展定位进行分析和探讨。

积极引领学生阳光成长。结合阳光班学生学习及成长实际情况，2018 年 7月，劲牌开展了劲牌阳光班夏令营这一暑期实践活动，邀请来自北京、福建、广东、贵州、内蒙古等地阳光班的 81 名学生代表参加活动。活动集参观、交流、分享和学习于一体，营员们到劲牌展馆、劲牌研究院、现代化生产线等进行了参观，与公司优秀技术骨干及工匠代表对话交流。夏令营邀请北京师范大学教育学部副教授侯龙龙为阳光学子开设专题讲座，引导学子树立正确的人生观、世界观和价值观，坚定理想信念，养成阳光积极的心态。同时，劲牌公司还安排了武汉大学、省博物馆、黄鹤楼等著名高校和景点的参观活动。

（三）多种举措助力精准扶贫

教育扶贫改变 20000 余个家庭代际贫困状况。以广西河池市罗城高中为例，2012 年 9 月，劲牌公司在罗城成立罗城高中"劲牌慈善阳光班"，招收 50 人，每生资助 3000 元/年，2014 年下学期开始提至 4000 元/年，一直资助至今。2015 年至 2016 年，罗城高中"劲牌慈善阳光班"共有 100 人毕业，全部过本科线，一本上线 89 人，考取"985 工程"大学 43 人，考取"211 工程"大学 32 人，其中韦庆朗考取北京大学，韦霞杰考取复旦大学。

基建扶贫为多个贫困地区脱贫致富夯实基础。以罗城仫佬族自治县四把镇棉花村水虎生态移民搬迁安置点项目为例，2015 年 4 月，该安置点动工，规划总投资 2300 多万元，劲牌公司无偿投资 693 万元实施基础设施建设及产业发展项目，涉及屯后防洪排洪渠道、边坡支护、排污管道、屯内巷道硬化、人饮工程、电网标准化建设、立面装修公共活动场所以及毛葡萄基地、养兔场地建设等 9 个大小项目建设。该项目于 2017 年元月完工，群众全部搬迁入住，项目的实施彻底改善了 6 个屯生产生活条件，增强了发展后劲，为 6 个屯的脱贫发展打下了坚实的基础。

产业扶贫带动多个贫困山区乡亲走上致富路。以广西罗城仫佬族自治县为例，2016 年以来，劲牌有限公司在罗城投入专项扶贫基金 2070 万元，在县城集中安置点周边的东门镇平洛村火烧窝等地，创建 1200 亩红心猕猴桃产业示范园，带动 1200 户贫困户发展脱贫。目前，示范园已初见规模。示范园按照"政府主导、理事会监督、合作社负责、托管公司技术指导、贫困户受益"的原则，采取"合作社+托管公司+贫困户"的发展模式建设运行。红心猕猴桃三年后进入丰产期，全部建成后的示范园预计年产红心猕猴桃鲜果 1500 吨，按市场价 2 万元＼吨计算，预计年产值达 3120 万元，扣除成本 420 万元（3500 元＼亩），预计年纯收入 2700 多万元。按照"政策共享、风险共担、按利分红"原则，产生效益后，扣除生产投资及日常管理费用，按当年纯利 2.5：6.5：1 的比例进行分成，贫困户户均收入将达 1 万元以上。

（四）捐建引水工程　造福百万人民

大冶城区三面环湖，水资源丰富。但近年来，三里七湖、尹家湖等城区周边可引用水源，因采掘和冶金工业迅速发展而遭到不同程度污染，逐渐失去城市供水水源功能。而大冶引用的江水水源，受黄石自来水公司自身发展和供水能力限制，供求量缺口日益增大，供水不足矛盾突出。另外，大冶供水体系的处理工艺、设备也年久落后，难以适应国家水质标准新要求。为扩建供水规模，改善饮用水质，彻底解决制约大冶发展的供水问题，2013 年年底，大冶市委、市政府决定寻求新水源，新建供水设施。

通过组织专家对长江、梁子湖、保安湖和王英水库等水源方案对比论证，最终确定库容量大、各项水质指标均优（Ⅱ类水标准）的阳新县王英水库为大冶市供水水源。2014 年上半年大冶市政府完成项目立项，但项目资金来源问题迟迟无法解决。为响应政府号召，造福于广大民众，回报社会，2015 年年初，劲牌公司决定捐建大冶市王英水库引水工程。

2015 年 4 月 12 日，王英水库引水工程正式开工。2017 年 1 月 21 日，在殷祖水厂举行了试通水仪式。2017 年 2 月 8 日，与大冶城区管网并网，并开始正式供水。2018 年 4 月 4 日，大冶王英水库引水工程全部完工。

大冶王英水库引水工程是劲牌公司有史以来捐建的首个特大民生水利建设公益项目。自 2015 年承建以来，历时三年，主体工程投入 5.83 亿元。工程施工战线长，地质情况复杂，途中跨越河流、山岭，最终实现一次性成功通水。工程完工后，每天 20 万立方米的供水量，满足了大冶近百万人民群众的用水需求，王英水库国家Ⅱ类水标准的优质水源也为广大居民饮水健康提供了保障。

（五）构建和谐劳动关系

认真践行合同履约，完善良好劳动关系保障机制。公司坚持实施职工代表大会制度，全面实行劳动合同制度。劳动合同签订率100%，全面履行劳动合同，各项劳动规章制度健全。定期组织工会、职工代表就集体合同内容进行平等协商，并按照程序及时签订。同时建立了工资集体协商制度，成立薪酬协调小组对工资分配原则、分配方式、增长幅度等进行平等协商，为保障职工收入起到了积极作用。定期对与员工切身利益相关的各项制度落实情况进行检查，涉及员工劳动安全卫生、集体合同、女员工特殊保护、厂务公开等方面，把员工的根本利益作为开展工作的出发点和落脚点，及时反馈检查中发现的问题并整改，维护职工权益。

建立完善多元化的劳动福利保障体系，切实维护职工的切身利益。公司为员工提供完善的劳动保障体系，严格遵照国家劳动法规为所有员工按时交纳五险一金，涵盖养老保险、医疗保险、工伤保险、失业保险和生育保险费用，以及住房公积金，定期向职工公开社会保险缴费信息，职工参保率100%。为提升保障标准，在国家社保体系之外，劲牌公司还特别设立了"内部养老金"，建立起"一补二金三检四免五险"的福利保障体系，切实维护员工利益。一补，即劲牌员工安家费补贴制度。二金，即住房公积金和劲牌内部补充养老金。三检，即身体健康检查、心理健康状况测查、员工契合度调查。四免，即公司为单身、外地员工提供免费星级住宿待遇，免费为员工定制工作装，免费为员工提供三餐，市区员工免费乘坐公司通勤车上下班，公司员工每年均可享受免费旅游的福利待遇。五险，公司依照规定，为员工按时交纳养老保险、医疗保险、工伤保险、失业保险和生育保险费用。

深入实施温暖工程，实现企业与员工的和谐发展。为构建和谐的劳动关系，实现员工"小家"与公司"大家"的和谐共赢，公司坚持开展"员工家属答谢会"，在各分厂推行实施"员工家访"机制，及时主动了解员工的家庭生活状况，向家属传达公司状况及员工在公司的工作表现，做好员工关怀工作。设立"员工困难救助金"，遵循"随时申请、随时考察、随时救助"的原则，以最快的速度积极推进困难员工入户调查、走访慰问、金秋助学等活动。公司每年会组织外地员工家属答谢会，邀请员工家属走进公司，了解员工工作生活情况，让每一位员工家属放心。考虑到营销员工工作地点较远、家庭困难等情况，公司制定了相应的就近工作机制，给随驻家属发放 1500 元/月生活补贴，并为员工家属协调资源提供工作机会，切实解决员工后顾之忧。

（六）坚持做好企业污染防治

劲牌公司主动承担了"虬川河支流—毛铺水库"段的河流保护和治理任务。主要做法如下：

坚持制度统管。2005 年在毛铺水库区域建厂以来，劲牌公司不仅制定了严于国家标准的企业内部排放标准，减少污染物排放量，同时定期开展厂内入库雨水排放口、毛铺水库的水质跟踪检测及周边排污情况巡查。结合毛铺水库和劲牌公司实际，劲牌公司成立企业内部管理机构，制定企业内部河长制管理制度，明确工作目标、落实管理责任、严格管理考核，并在所辖河段醒目位置规范设置公示牌，接受社会和周边群众监督。

坚持齐抓共管。劲牌公司持续做好毛铺水库水质监测、水库周边排污巡查，自觉防污治污，共同承担水库管护和清理、沿岸环境保洁等工作，切实担负起企业环保责任。同时，加强环保公益宣传，增强广大群众河湖保护意识，引导群众自觉履行河湖环境保护等义务，积极营造全社会共同关心、支持、参与和监督河湖管理保护的良好氛围，协助辖区行政河长开展所辖河段的水环境治理工作。

坚持巡查监管。劲牌公司严格内部管理，持续做好企业内部环保治理设施的稳定运行，确保排水质量；同时严格执行定期巡查制度，对毛铺水库水质情况、其他排污口的排污情况、排污变化情况等是否存在影响水库水质等问题进行巡查，并针对巡查发现问题及时反馈，协调解决。

坚持信息协管。落实毛铺水库基本信息和巡查信息报送机制，建立毛铺水库管理档案，对水库环境水质监测情况，举报投诉记录，巡查记录和问题整改情况进行定期报告。在实施整治行动方案时，将问题整治前、整治中和整治后的图片视频、会议记录等文件，以及其他有价值的文件资料进行收集归档，并定期将工作开展情况、存在的问题及下步打算向辖区行政河长进行信息报送。

九州通：家国情怀，通江达海

编者按：在创造经济效益的同时，九州通主动承担保护股东、客户、员工及其他利益相关者的合法权益的责任；公司积极参与公益事业，实现合法、和谐、诚信、负责的企业社会责任目标；公司建立了由党委和董事会秘书处共同领衔的"企业社会责任领导小组"和工作小组，并确定党委、行政总部和人力资源总部作为推进部门，切实加强责任治理、责任融合和责任沟通，推动企业用心做好社会工作，实现社会价值。

（一）企业概况

九州通是一家以西药、中药、医疗器械为主要经营产品，以医疗机构、批发企业、零售药店为主要客户对象，并为客户提供信息、物流等各项增值服务的大型企业集团。公司立足于医药健康行业，是中国医药商业领域具有全国性网络的少数几家企业之一。九州通成立于1999年3月，总部位于湖北省武汉市。截至2018年12月31日，注册资本18.79亿元，总资产666.74亿元。2018年公司实现营业收入871.36亿元、净利润13.81亿元（其中归属于上市公司股东净利润13.41亿元）。

2018年，九州通作为湖北省具有影响力的民营上市企业，继续将社会责任作为企业文化的重要组成部分，推广并融入日常运营工作中。2018年，九州通围绕"猛抢发展机遇放第一、狠抓天鹅管控重基础"的战略部署为医药健康产业提供高性价比服务，齐心协力、迎难而上，公司实现营业收入871.36

亿元，扣除非经常性损益后归属于上市公司股东的净利润为 12.28 亿元，较上年同期分别增长 17.84%、21.61%。

（二）内部建设

1. 员工劳动保障

九州通严格遵守《劳动法》《劳动合同法》《社会保险法》等相关法律法规，维护员工合法权益。保护女性员工、残疾员工、未成年工和少数民族员工的合法权益，不招收童工，不安排未成年职工、女职工从事禁忌的劳动或超强度的劳动。截至 2018 年 12 月 31 日，公司在职员工人数为 26119 人，其中大专及以上学历员工比例为 57%，50 岁以下员工比例为 99%。在 2018 年九州通员工结构中，女性员工比例占员工总人数的 44.05%，其中女性管理人员占全部管理人员的 31.5%，残疾员工占员工总人数的 0.11%，少数民族员工占员工总人数的 3.35%。

一是建立员工成长体系。九州通根据不同的职业目标，结合企业长期发展战略，完善人才培养机制，健全人才培训体系。九州通紧紧围绕"领导力和专业力"两大人才培养目标，构建完善的人才培养机制。在领导力培养方面，创建"天鹅人才工程"五层级储备和培养体系，打造完备的战略性人才培养链条，基于天鹅人才的领导力阶梯，绘制了完整的领导力学习地图，制定了每个阶段储备人才的培养目标、培养周期，明确了学习方式、学习内容与学习活动。

二是建立员工薪酬体系。多年来，九州通以"以岗定薪、以效取酬，兼顾内部公平和外部竞争力"为理念，实行全员劳动合同制。公司根据企业生产经营的实际情况，合理安排员工的劳动生产、休息休假及工资报酬等，公司薪酬体系由岗位工资、业务提成、奖金、补贴及项目奖金等多部分组成。同时，公司每年还通过定期调查，积极完善薪酬福利体系，建立结构清晰、导向明确、科学有竞争力的薪酬激励体系，保证九州通员工能获得具有竞争力与发展空间的薪酬待遇。

三是构建社会保障体系。公司依据国家规定和标准从社会保障、健康医疗、住房公积金等多方面全方位地保障员工权益。公司为员工构建完善的社会保障体系，按照国家规定建立多层次社会保险体系的要求，依法为所有员工缴纳养老、医疗、工伤、失业和生育等社会保险及住房公积金。同时，公司还免费为员工提供宿舍以缓解员工购房、租房等压力。公司建立了工会、妇联、党委等组织机构，尊重员工的民主权利，同时非常重视员工的身体健康和心理健康，每年组织全体员工进行健康体检，及时了解自身身体状况；定期组织员工进行体育锻炼、户外拓展等活动，帮助员工缓解工作压力，增强体质。

四是落实长效激励机制。为了进一步建立健全公司长效激励机制，吸引和留住优秀人才，充分调动九州通管理人员的积极性，提高公司可持续发展的能力，九州通已连续多年推行股权激励机制。继 2014 年、2015 年首次股权激励计划顺利实施后，2017 年九州通完成了范围更广、力度更大的股权激励计划，授予了 2628 名核心骨干共计 4862.6725 万股份。2018 年 5 月 15 日第一期股票顺利解锁，员工与公司一起享受到公司发展的成果，成为公司真正的主人翁。

2. 企业文化建设

九州通以提高员工文化素质、活跃员工文化活动、增强企业凝聚力为宗旨，积极开展健康向上的文体活动，足球、羽毛球、太极、徒步、瑜伽等运动协会时常活跃在各个赛场或健身场馆内。公司定期举办协会活动和大型晚会活动，丰富员工业余生活，促进员工交流，满足员工精神文化需求，为九州通的发展注入源源不断的活力。

一是欢声笑语，共享亲子时光。为弘扬"学会感恩 担当责任"的家文化内涵，同时为优秀员工创造家庭团聚的机会，北京九州通于 2018 年 5 月 26—27 日特邀 2017 年度优秀员工、特殊贡献者、优秀管理者本人父母免费畅游北京，共同领略祖国大好风光、感受公司家文化内涵，共计 21 组家庭累计 65 人次参加了此次活动。为感谢内蒙古公司外省籍员工为公司发展所付出的不懈努力，积极践行公司家文化理念，内蒙古公司于 2018 年 7 月 14 日举办了以"千里探亲草原聚，周末畅游黄花沟"为主题的外省籍员工家属辉腾锡勒草原

（黄花沟）一日游，19 位员工及家属参加了此次活动。本次活动，不仅丰富了员工的业余生活，缓解了工作压力，同时增强了员工及家属之间的亲密关系，增强了员工凝聚力和家属们的认同感，充分展现了公司的企业文化和精神。

二是牵线搭桥，丰富情感生活。2018 年 8 月 17 日，重庆九州通公司承办了一场完美的"浪漫盛夏，众里寻 TA"七夕联谊活动。活动现场以象征爱情的火烈鸟为主题，搭配精致的甜品、梦幻氢气球与温馨别致的背景墙，营造出了浪漫甜蜜的活动氛围。本次活动共吸引了 60 余名公司内外男女嘉宾的参与，经过现场的了解和交流，最后共有 11 对男女嘉宾成功牵手。本次活动不仅为公司单身男女提供一个互动交友的平台，在浪漫的七夕节营造了节日氛围，也促进了各公司友谊。

三是奋力拼搏，助力全民健身。多年来，九州通积极参与各项社会全民健身活动，如每年的渡江节、马拉松、健康跑等，均能看到九州通人奋力拼搏的矫健身影。以团队形式参加各项运动，既增强了团队凝聚力，展示了九州通人、医药健康从业者健康积极的精神面貌，还以此向大众传递了九州通的健康服务理念，进而影响更多的人关注健康、养成运动锻炼的习惯。

四是不忘初心，坚守党员信仰。2019 年 6 月 21 日，集团 1 号楼 517 会议室花团紧簇、喜气洋洋，集团党委庆祝建党 98 周年暨开展"不忘初心、牢记使命"动员大会在这里隆重举行，来自全集团 45 名优秀个人代表及新党员代表参加了本次会议。党委书记陈波全面系统地总结了党委一年的工作，并就开展"不忘初心、牢记使命"主题教育提出了要求，一是切实提高政治站位，充分认识此次主题教育的重大意义；二是坚持把开展"不忘初心、牢记使命"主题教育与企业"医药报国奉献社会"的宗旨相结合；三是坚持把开展"不忘初心、担当使命"主题教育与"做一名合格家人"的主题活动相结合。汉阳区委常委、组织部长陈革鸿亲临会议现场，对九州通党建工作作了充分的肯定，并结合当前形势提出了新的要求，勉励党员同志们在思想引领、榜样标杆上发挥更大的作用。

全体与会人员纷纷表示：要以此次表彰大会为契机，以坚强的党性、务实的作风、振奋的精神、强烈的使命感和责任感，为实现集团跨越式发展建功立业！全集团 1245 名共产党员以主会场和分会场的形式参加此次会议。

五是弘扬价值，彰显榜样力量。2018 年 3 月 28 日晚，九州通年度最具价值奖颁奖典礼暨管理者和员工行为准则宣导大会在武汉隆重举行。在九州通领导与各位家人的见证下，从公司层层选拔出的 10 位最具价值管理者登上了象征着荣誉的领奖台。他们是率先垂范的价值创造者，更是九州通企业文化的践行者，他们专业、敬业，用恪尽职守、勇于拼搏的态度让九州通人的形象更为挺拔。"文化"引领思想，"理念"驱动行为。继《九州通集团 2017 版企业理念手册》正式对外发布后，时隔半年，九州通人再次集结所有员工和管理者的集体智慧，以理念为纲、行为为章，提炼编写 2018 版《员工十项行为准则》《管理者十二项行为准则》，以落地理念，指引行动。弘扬价值，九州通在行动！

（三）精准扶贫

"落其实者思其树，饮其流者怀其源"，为进一步发挥上市公司在服务国家脱贫攻坚战略中的作用，2018 年，公司积极响应国家精准扶贫政策号召，加大帮扶脱贫资金的投入，由公司党委牵头，针对定点帮扶县开展各项扶贫活动，为精准扶贫工作作出了积极贡献。

一是产业扶贫。先后在国家级的贫困县罗田、麻城、英山和蕲春等地，投资 28800 多万元，建立了茯苓、菊花和茅苍术等基地，提高了中药材的附加值，亩均增收 1200 多元，受益农户 5600 余户；另外，在利川县投资 1.2 亿元，收购了经营困难的利川香连制药厂，解决了几百人的就业问题。还投资建设了当地医药健康产业与旅游相结合的"康健城"，为利川群众脱贫致富提供了机会。特别是在深度贫困地区甘肃的武威市，九州通投资 2 个多亿兼并重组了甘肃省武威市古浪县的一家农牧公司"甘肃顶乐农牧有限责任公司"，实行与贫困农户合作养牛为主，打造育种、养殖、饲料加工、牛粪有机肥用于种枸杞、牛肉拉面馆、教育培训、运输、海外基地全产业链的扶贫项目。项目采用

"秸秆—畜—粪—沼气—农产品"循环模式,将建成集肉牛养殖、饲料生产、屠宰分割及排污回收、有机肥生产、枸杞种植、牛肉面馆为一体的全产业循环生态生产模式,争取带动2万贫困户脱贫。截至2018年年底,该项目已带动古浪县2000多贫困户参与养殖,帮助贫困户脱贫致富。

二是精准扶贫。为落实"616"工程,九州通向宜昌长阳土家族自治县的榔坪镇关口垭村、龙舟坪王子石村、鸭子口乡厚浪沱村资助130余万元建立了对口帮扶与精准对接,参与当地的打水窖工程,彻底解决了当地群众通水、饮水的问题。

三是扶危济困。2016年湖北省遭遇了百年不遇的特大洪涝灾害,公司员工为全省灾区人民捐款捐物近500万元,有力支持了抗洪救灾。2012年至今,公司累计在贫困地区投资产业扶贫资金共计4亿余元;捐款捐物共计8000余万元,其中2018年,投身公益事业的捐款捐物累计2102万元。

(四)慈善公益

1. 教育健康公益

警民共建,鱼水情深。盛夏,为表达对坚守维稳一线的公安干警的敬意和关爱,九州通各分公司纷纷组织了关爱军警送清凉高温慰问活动。活动中,各分公司为盛夏酷暑中仍然坚守岗位的工作人员和民警们送去了西瓜、纯净水、藿香正气液等防暑用品,为大家带去了一丝清凉和最诚挚的问候。此次走访慰问活动加深了军警人民之间的鱼水深情,也体现了九州通的社会责任感。盛夏送清凉,高温送关爱,九州通在行动。

关注健康,关爱环卫天使。2018年11月22日,为了关爱环卫天使的身体健康,引导环卫工人主动关注自身健康状况,提高预防疾病能力,并让他们感受到社会对他们的尊敬和关爱,九州通旗下好药师大药房、北京九州通工会等联合北京市大兴区总工会开展了"关爱环卫天使"透骨灵橡胶膏赠药爱心活动。此次活动中,好药师大药房的医务人员义务为环卫工人开展健康检查,并向其宣传卫生保健知识,指导他们做好常见病、相关职业病的预防。

扎根当地，回馈社会。冬日的拉萨空气冷冽，2018年1月11日早上，冒着严寒，西藏公司一行驱车来到拉萨市堆龙德庆区乃琼镇德吉康萨居委会，看望和慰问这里的农牧民群众。这些异地搬迁过来的农牧民们大部分来自偏远的农牧区，生活比较贫困，受教育程度低且不通汉语，在工作人员的安排下，公司领导向家有适龄婴儿的困难农牧民群众逐一发放了奶粉等救助物资。此次慰问活动，实实在在地温暖和帮助了异地搬迁的农牧民，把企业的爱心和温暖送到了困难群众的心中，用实际行动拉近了与群众、政府的距离，体现了企业"扎根当地、回馈社会"的宗旨。

奉献爱心，帮扶弱势群体。2018年12月18日，新疆博赛九州通总经理带着一批冬季常规感冒类药品来到博乐市康养中心，看望慰问了康养中心的60余名患者，以此帮扶社会残障人士能够更好的回归社会、融入社会，为残障人士奉献一份关爱。19日下午，博乐市康养中心一行四人为表示对新疆博赛九州通的感谢特地来到公司并送上书写"大爱无疆，情深似海"锦旗一面，表达他们的感激之情。

衣暖人心，让爱传递。"赠人玫瑰，手留余香"，一件衣物送出一份温暖，一颗爱心带来一份感动，一件旧衣服，不足以改变贫困群众的生活，但这份举手之劳的爱心，却能感召身边更多的人，凝聚更多的爱心力量，为贫困群众送去徽九人的温暖。2018年12月12日，安徽九州通行政部发起了以"衣暖人心，让爱传递"为主题的爱心捐赠倡议活动。据统计，此次募捐共收到了满满十五箱物品，包含不同季节的衣服、鞋子、书籍、毛毯等。一款款整洁的寒衣，一件件生活用品，凝聚着徽九人满满的爱心，展示着九州通的家文化情怀。

2. 行业绿色转型发展

公司对物流供应链模式不断探索，结合各方业务及需求，利用技术驱动实现九州云仓物流供应链平台，推动了企业供应链环节物流运营管理水平的提高，在提升运作效率、降低运营成本、提高物流服务质量、促进监管方、委托方、运营方、承运方、客户五维一体的供应链协同创新方面取得成效，形成在医药行业供应链管理领域具有较高模式引领作用的平台化解决方案。九州云仓物流管理平台将全国仓储资源并网、运力资源并网，实现物流供应链信息互联互通、信息共享及全国运营集中垂直管控。公司可利用该平台进行多物流中心，多级运力智能调度协同运营，运输作业与仓储作业一体化调度，并进行实时可视可追溯精益透明的管控。九州云仓经过了由传统企业信息架构向互联网与大数据架构的转型、由单体物流中心管控向全国物流中心集中管控模式的转型，由企业物流应用产品向社会化物流转型的过程，"九州云仓"形成了完整的产品设计、研发与质量控制体系，软件项目管理已达到国内先进水平，获得软件著作权 10 项，实用专利 8 项，并先后 2 次荣获武汉市科技进步奖。

山河集团：不忘初心，美好山河

编者按：从大别山红色圣地走来，山河集团伴随着改革开放的大潮一路高歌猛进，为"建设祖国美好山河"不懈前行。传承红色基因，牢记光荣使命。2018 年，山河集团保持持续健康发展，综合实力稳步提升，连续 5 年位列中国企业 500 强。在企业高速发展的同时，山河集团积极履行社会责任，真抓实干，在精准扶贫、捐资助学、绿色环保、企业文化等方面做了大量卓有成效的工作，交出了一份优秀的社会责任成绩单。

（一）企业概况

山河集团是集建筑产业、房地产业、投资业务于一体的大型综合性企业集团。公司是湖北省首家同时获得国家房屋建筑施工总承包特级资质和建筑专业设计甲级资质的企业，具备市政施工总承包、地基基础、机电安装、钢结构、消防设施、装修装饰、建筑幕墙等七项一级资质，拥有对外承包工程经营资格和一家省级技术中心。山河集团名列"中国企业 500 强""中国建筑业 50 强""ENR 中国承包商 80 强""中国民营企业 500 强"，荣获"全国五一劳动奖状"，是全国首批建筑业 AAA 级信用企业和全国重合同守信用企业，被湖北省人民政府评定为"建筑企业综合实力 20 强"第一名。

近年来，山河集团在公益事业等方面累计投入资金逾 1.3 亿元。赠人玫瑰，手留余香。集团先后荣获"全省扶贫开发先进企业""扶贫爱心模范单位""年度最具爱心企业"等殊荣；2019 年开春，被中华慈善总会评为 2018 年度全国慈善会爱心企业，是湖北省唯一获此殊荣的企业。慈善公益永远在路上。正如集团党委书记、董事长程理财所说："只要社会有需要，慈善事业我们山河人会一直做下去。"

行百里者半九十。山河集团将继续秉承"勤恳诚信，惠人达己"的企业价值观，进一步履行好企业社会责任，久久为功，以不忘初心的使命担当，积极探索、创新帮扶方式，为家乡脱贫攻坚、决胜全面小康彰显山河新作为。

（二）内部建设

1. 员工劳动保障

多年来，山河集团高度重视企业文化建设工作，使广大员工从中获得了一种团结向上的精神力量。在这种精神的感召和指引下，山河集团迈上了一个又一个新的台阶。

集团倡导为员工个人发展创造公平的机会，为员工接受新信息、学习新知识、掌握新技能提供良好的条件和设施，培养员工的自豪感和归属感。积极创新人才机制，努力做到用事业造就人才、用环境凝聚人才、用机制激励人才，能力有多大，舞台就有多大。

山河集团始终强调"以人为本"，着力打造和谐温馨的氛围，提升员工的幸福指数。2018 年 3 月 8 日，集团组织女员工前往英山四季花海，与大自然亲密接触，各区域公司也纷纷组织活动，让女员工在节日里享受自然的乐趣；2018 年 5 月 4 日，集团开展"爱我山河　同心同行"2018 年东湖绿道徒步行活动，让山河人感受到生活的精彩与快乐；创办"山河讲堂"，让员工拓宽视野、提升综合素养；打造"健康俱乐部"，每周不间断组织活动，丰富员工的业余生活。

2. 企业文化建设

中国制造，呼唤大国工匠。在山河集团的建设工地上，涌现出很多技术过硬的岗位明星和一线技术能手。2018 年，集团再次启动"山河工匠"评选，将"不断追求专业技能的极致和完美，对品质数十年如一日的专注与坚守，事无大小必精益求精的敬业态度"通过微信、报刊等载体宣传推广，让"工匠精神"成为企业发展的内在支撑和动力。

为打造品质山河，弘扬工匠精神，山河集团在总部武汉举行 2018 年职工技能大赛决赛，"以比鼓劲、以赛促学"。此次技能大赛包含钢筋工、木工、砌筑工三个工种，综合比赛成绩决出"山河技术能手"一等奖 3 名、二等奖 6 名、三等奖 9 名、优秀奖 21 名，并将获奖人员列入山河集团人才库。通过技能比赛，培养实用技术人才，打造新时代产业工人队伍。

与此同时，持续推进"创优夺杯"工作，积极开展"山河先锋""山河工匠"评选活动，发挥榜样的示范引领作用；组织青年干部先后赴延安、井冈山等革命圣地接受红色教育，激活红色基因，将广大党员和全体员工的昂扬斗志和进取精神，转化为促进生产发展的强大动力。

通过企业文化的渗透，员工的精神面貌大为改观，团队及参与意识大大增强，企业奋斗方向与发展目标明确，干部职工工作热情高涨，企业的凝聚力和向心力明显增强。山河集团还将不断创新工作方法，把企业文化建设融入生产经营工作的全过程中，促进企业健康稳定和谐发展。

(三) 精准扶贫

1. 致力精准扶贫，共享发展成果

山河集团积极投身精准扶贫攻坚战役，在项目扶贫、产业扶贫、技术扶贫、公益扶贫等多种"山河扶贫"模式下，助力精准扶贫工作，助推乡村振兴。

2018 年，山河集团继续开展项目扶贫，建设重大民生项目，积极参与团风县、英山县和武穴市 EPC 重大民生项目的建设。团风 7.7 亿元和武穴 7.5 亿元项目已开工建设，浠水 20 亿元项目已经签署框架协议。这些重点工程的相继开工，既能改善基础设施和居民居住环境，有效解决人民群众"饮水难""行路难""入学难"等实际困难，又能解决当地就业问题，促进当地经济繁荣。

继续开展产业扶贫，充分发挥行业优势。山河集团充分发挥劳动密集型企业的优势，直接吸纳贫困地区农民就业，助力农民工脱贫致富。集团 5 万建设者中，70%来自黄冈地区，其中一大半工友来自团风县。49 年来，累计安置团风县农民工就业达 2 万多人。

继续开展公益扶贫，多途径帮扶贫困户。在"千企帮千村"的基础上，2018 年，集团继续选派一名集团党委副书记和多名优秀项目经理担任团风县贫困村"名誉书记""发展顾问"，为精准扶贫攻坚战提供人力和财力支持。通过助农、助学、助教、助医等多种方式，让村民切实感受到精准扶贫带来的实惠。在向省建档立卡贫困村团风县回龙山镇沈家大湾村和淋山河镇傅河村捐资 100 万元的基础上，10 月 23 日，在全国第三个扶贫日到来之际，山河集团再次向团风县捐赠 200 万元爱心款。为了真正使扶贫事业落到实处，集团合理谋划好各项工作"施工图"和"时间表"，坚定"扶真贫、真扶贫"的信念，以责任和担当，助力团风脱贫攻坚。

2. 主动投身"千企帮千村"

"时代的强音，呼唤社会的更多作为。山河集团不断出实招、下实功，以最大效能确保扶贫工作见实效。"集团党委书记、董事长程理财的话掷地有声。民之所忧，我之所想。山河集团深入帮扶村调研，听诉求，解难题，起到四两拨千斤的作用。

2016 年，山河集团联系的帮扶村——英山县百丈河村鞋厂，2000 多双鞋子因缺少专业营销团队滞销；因交通不便，百丈河村里玉米、花生等农副产品积压，难以打开销路。得知情况后，山河集团组成专门营销团队，通过互联网平台开展义卖，并第一时间将 60 余万元义卖款送至村里。针对百丈河村反映夜晚行路不便，山河集团出资为村里安装太阳能路灯，解决了村民出行难问题。2016 年，百丈河惠农科技养殖有限公司养殖场厂房因洪涝灾害破损严重，威胁该公司的生存，影响到村里养殖户的利益，山河集团捐款 10 万元全力支持厂房灾后重建。不仅是驻点村，山河集团的"爱心种子"还播撒到了省建档立卡贫困村——团风县回龙山镇沈家大湾村和淋山河镇傅河村。

沈家大湾村因地势较高，全村仅有刘子河一个供水点，群众饮水较为困难，为解决全村生产生活用水难题，山河集团共帮扶 50 万元资金，主动参与当家塘的兴建和塘堰的修复。该村 2015 年至 2018 年四年间，在各方支持和群众的共同努力下，先后投入 400 余万元修建了 22 口塘堰，解决了困扰多年的饮水难问题。淋山河镇傅河村地处山地，有种植林果传统，2017 年 10 月，山河集团出资 50 万元支持傅河村改造 80 亩林果园发展油茶种植，吸纳 18 户贫困户 77 人在油茶园就业。2018 年，集团向团风县回龙山镇沈家大湾村和淋山河镇傅河村两个省建档立卡贫困村共捐资 100 万元，用于村基础设施建设。

在帮扶中，山河集团注重围绕群众关注的热点、难点问题，集中力量进行扶持。同时还关注村组事关群众生活的修桥修路、改水改厕，村庄美化靓化，修建福利院、医院等民生设施，提升村民生活质量和幸福指数。2019 年 3 月，山河集团对接帮扶的英山县和团风县的三个贫困村均已"摘帽"出列。百丈河村先后荣获"湖北省绿色示范乡村""湖北省宜居村庄""湖北省生态农业休闲示范点"和"湖北省休闲农业示范点"等荣誉。

2019 年 4 月 29 日，山河集团精准扶贫再发力，在参加民企助力麻城市贫困村出列捐助活动中，现场向麻城市木子店镇、夫子河镇三个贫困村共捐赠帮扶对接资金 60 万元，帮助当地村民脱贫致富。

2016 年的重大洪涝灾害面前，山河集团主动担当，针对新洲、武穴、罗田、团风等遭受洪涝灾害的地区，捐赠物资和现金近 450 万元。特别是罗田县的白庙河镇潘家垸村受灾严重，集团党委及时送去 50 万元救灾款，帮助该村灾后重建。

3. 授之以渔促就业

集团立足于"就业一人，脱贫一户"，充分发挥自身劳动密集型企业的优势，通过项目建设为贫困户提供就业机会，助力贫困户脱贫致富。据不完全统计，2016 年至 2019 年，山河集团在建项目年平均达 400 个，每个项目平均合同额超 1 亿元，每年用工量超 10 万人，其中，大别山贫困地区就业人员超 5 万人，每年为农民工创造劳务收入达 30 亿元。2018 年，黄冈 45 万建筑"铁军"创造产值 1062.29 亿元，成为黄冈继农产品加工业后的第二个千亿产业，是当地就业人口最多的支柱产业之一，山河集团创造的产值占黄冈全市建筑业产值的 43%，擦亮了"建筑之乡"品牌。

农民工端住"饭碗"的同时如何能更好端稳"饭碗"？近年来，集团将农民工的职业技能培训当作一项重点工作来抓，通过农民工学校、班前讲台、每天安全晨会、专题培训和职工技能大赛等途径，提升农民工职业技能，采取"师带徒，兄带弟，熟带生"等方式，传承山河工匠精神。截至目前，已有 2 万多名农民工掌握了专业技能技术，实现了由贫困农民工向产业工人的身份转变。

（四）慈善公益

1. 教育健康公益

心系教育事业，情暖莘莘学子。2018 年 3 月 31 日，在武汉大学举行的第三次人才引进基金集中捐赠签约仪式上，山河集团党委书记、董事长程理财作为武汉大学校友之友企业家、楚商杰出代表，向武汉大学人才引进基金捐赠 1000 万元，用于支持武汉大学"引凤筑巢"，引进高端人才。

为打造人才梯队，实现集团人才兴企战略，继前期与黄冈职业技术学院开展深度合作、组建"山河鲁班学院"后，2018 年 6 月，山河集团先后与湖北城市建设职业技术学院、恩施职业技术学院合作办学，设立"山河学院""山河民族建筑学院"，培养高素质技能人才，走产学研结合发展道路，更好地服务地方经济。同时，成功申报武汉市大学生就业见习实训基地，共建新型技术技能型人才培养体系。

树高千丈不忘根，水流万里总思源。百年大计，教育为本。为了进一步提高教育质量，促进教育资源更加公平，山河集团连续 13 年爱心接力，在公益事业等方面累计投入资金逾 1.3 亿元。为了解决贫困家庭子女上学难的问题，山河集团于 2006 年正式设立"山河捐资助学教育基金"，坚持每年组织公司员工捐款。13 年来，共计捐赠 3000 多万元，帮助黄州、团风、武穴、新洲等地 6000 余名贫困大学生圆了大学梦。

2017 年春节，在"山河集团暖冬行动回访受助学子"活动中，山河集团组织专班人员兵分多路深入帮扶贫困学子家中，为他们送去新春的问候与祝福。与此同时，集团出资积极投身家乡教育基础设施建设，改善学生就学环境；帮助团风县教育系统成立"师德奖励基金"，对在岗位上无私奉献的模范教师给予奖励，提升教师幸福感和获得感。

2018 年 8 月 27 日，2018 年"山河扶贫助学金"发放活动在黄冈市职工活动中心举行，山河集团向该市总工会捐资 100 万元，帮助 219 名贫困学子圆大学梦；2018 年"山河扶贫助困教育基金"捐赠活动在团风县政府七楼会议室举行，山河集团出资 100 万元，资助团风县百余名贫困大学生走进学堂；当日，还在武穴市举行了 2018 年捐资助学活动，向该市 240 名贫困学生捐赠 60 万元助学金。8 月 28 日下午，山河集团在新洲区三店街道办事处举行 2018 年捐资助学仪式，捐赠教育扶贫基金 20 万元。11 月 16 日晚，2018 年伦教教育基金在广东省佛山市顺德区伦教镇珍宝酒店举行慈善晚宴，山河集团现场捐赠 100 万元善款，助力伦教教育事业发展。

2. 行业绿色转型发展

实施绿色建造，建设美好山河。"建设祖国美好山河"是山河集团的企业使命。近年来，山河集团深刻践行党中央新发展理念，拥抱变革，持续创新，实施绿色建造，推进污染防治攻坚战，坚持走高质量发展的山河之路。

大力提高建筑业竞争力，实现转型发展，才能提升市场占有率。未来建筑将以绿色环保为基调，智慧科技为主线，必须谋划在先，加大投入，抢占绿色建造工艺的制高点。大力推广新工艺、新技术的应用，加快企业转型升级和跨越发展，利用技术改造，淘汰落后产能，发展清洁生产，提升企业生态环境保护建设能力。

2018年年初，山河集团自有的装配式建筑基地正式落户武汉市江夏区，装配式建筑已经迈开步伐。如今，装配式楼梯已在部分项目实施，铝模、爬架进入施工现场，太阳能照明、地下水循环使用、施工现场节约用地等环保、节能措施也先后付诸实践。下一步，集团将逐步提高装配式建筑占新建建筑的比例，激发市场活力，培育产业新动能，推动长江经济带绿色发展再上新台阶。

树立标杆意识，打造精品工程。2018年12月，经过激烈角逐，分别评选出2018年度"标杆工程"5项、"智慧工地"6项、"山河杯"6项。不断提高工程团队的执行力和创造力，全力推动企业向创新驱动型、绿色低碳型、智能制造型方向发展，助力企业转型升级和跨越式发展。

精业敬业的工匠之心，绿色建造的不懈追求。山河集团紧随时代的节拍，顺应绿色环保的潮流，一路破浪前行，深得全国知名大客户的认同：先后获评碧桂园集团优秀合作伙伴"金凤凰奖"、恒大集团"特级区域战略合作伙伴"、万科集团"A级供应商"、华侨城集团"战略合作单位"。

奥山集团：扎根产业基础，强化责任担当

编者按：奥山集团以"产业报国，服务社会"作为企业使命，脚踏实地履行社会责任。通过旅游、文化等多元化产业融合发展，以奥山公益基金为平台，构建了"文化+旅游+农业"三位一体，产业扶贫、健康扶贫、教育扶贫、公益扶贫"四扶并进"的民营企业社会责任践行新格局。截至目前，奥山已直接和间接创造就业岗位2.5万余个，年均上缴税收约2亿元。近年来参与扶贫开发累计投资约20亿元，为慈善事业捐赠近3千万元。

（一）多元化产业跨越发展 以责任之心回馈社会

奥山创立于1997年，发展至今，形成涵盖影视、教育、旅游、酒店、金融、冰雪、商业、地产等八大产业的多元化产业集群。奥山以"让生活充满阳光"为品牌理念，秉持"提供不断超越客户期望的产品与超值服务"的使命，让客户与消费者从奥山提供的多维度产业产品中，感受到阳光般的美好生活。2018年，公司员工达到1975人，年度缴纳税款5.6亿元，定点对西藏、恩施等贫困地区给予产业帮扶。

奥山影视致力于影视文化娱乐产业投资及运营。斥资参投《共和国血脉》《推手》《天下粮田》《铁血红安》《琴动我心》等影视剧作品三十部左右。《共和国血脉》《天下粮田》《热血军旗》等九部电视剧在央视一套黄金档播出。电视连续剧《国门英雄》《奢香夫人》《革命人永远是年轻》被评为第十二届（2009—2012）精神文明建设"五个一工程"奖。

奥山控股实施"冰雪+住宅"双轮驱动发展战略，实现地产、冰雪、商业三大产业协同发展。奥山地产位列"中国房地产百强企业""中国房地产企业综合实力TOP50"，立足湖北，深耕长三角、成渝、长江中游城市群，辐射全国。奥山冰雪围绕冰雪制造、冰雪培训、冰雪赛事、冰雪旅游等，打造冰雪特色全产业链；在全国布局冰雪项目，践行"北冰南移"战略。奥山商业以"为合作方提供商业资产增值服务，为消费者提供美好生活服务"为理念，在专业的商业运营体系下，助推商业板块升级，为消费者提供都市冰雪主题购物新体验。

（二）员工发展以人为本 利益共享

在发展产业基础上，奥山也不断追求企业与员工的和谐发展，把加快企业发展与实现员工自身价值融为一体。奥山高度重视员工权益保障，严守国家相关法律法规开展人力资源管理工作，杜绝性别或年龄等因素产生的歧视行为，为人才提供公平公正的就业机会。同时，奥山根据员工工作岗位、能力、业绩，按照市场化原则，提供业内富有竞争力的薪酬，让更多人分享到发展成果。并按照国家法律规定和标准为员工提供福利保障，以及多种额外福利和援助，让员工享有高质量的生活。员工还享有国家法定福利，包括国家规定的五险一金，法定节假日、婚丧假、产假、哺乳假、高温补贴等。

健康是每一个员工的根本保障。为确保所有员工都在一个健康安全的环境中工作，奥山对所有工作场所的健康危害因素进行严格监控和管理，在员工中普及健康知识，定期开展安全培训和应急演练、第三方体检，全力保障员工健康和安全。奥山鼓励员工积极广泛地参加各类文化社团运动。公司内部组织读书社、摄影社、足球队、羽毛球队、徒步俱乐部等各类社团，并定期开展活动。

奥山致力于打造学习型组织，构建全方位的人才培养系统，为每位员工提供成长所必须的学习培训机会。奥山学院以培养公司核心竞争力为中心，通过课程体系、师资建设、评估体系、信息知识管理等四大管理体系，力求在"和谐、廉洁、责任、品格、奋斗"核心价值观传承，培养人才，提高组织智能推动企业变革等方面发挥更大作用。

（三）精准扶贫 为可持续发展"造血"

为响应党中央、国务院打赢脱贫攻坚战号召，帮助贫困地区精准脱贫，奥山积极开展产业、就业扶贫，建立扶贫的长效机制，以"造血式扶贫"帮助贫困群众自主脱贫，为实现人民同步小康贡献力量。

奥山积极响应省委、省政府的号召，参加"三万"支农惠农行动为加强农村水利建设做出积极贡献。捐赠500万元助力光彩事业打好"精准脱贫攻坚战"。2018年5月，奥山集团在湖北省光彩事业促进会第四次会员大会上现场捐赠500万元，为打好"精准脱贫攻坚战"贡献一己之力。以投资兴业助脱贫，做助力贫困地区发展的积极参与者；以合作共赢助脱贫，做实施乡村振兴战略的有力推动者；以公益捐赠助脱贫，做改善贫困群众民生的无私奉献者。

响应湖北省工商联常委企业联系贫困县中小微民营企业制度，深入开展

"联党建帮创建，联市场帮发展，联技术帮提高，联资金帮解困，联文化帮管理"的"五联五帮"，奥山积极对接来凤金祈藤茶生物有限公司、来凤武陵龙凤现代农业有限责任公司，用3年的时间（2018—2020年）指导和帮助贫困县中小微民营企业解决发展中面临的困难问题。提升贫困县中小微民营企业发展质量和动力，实现共赢发展。

响应湖北"千企帮千村"精准扶贫行动，与宜昌市夷陵区黄花镇杨家河村签约结对，目前捐助帮扶的当地茶叶加工厂已经投入生产，着力增强"造血功能"。2012年以来，奥山积极参与"光彩事业恩施行"，投身湖北省政协"助推湖北武陵山少数民族经济社会发展试验区建设"活动，在恩施投资打造了涵盖酒店、景点观光购物消费、休闲娱乐、特色餐饮、特产商品、生态农业观光等业态的产业体系。通过创造税收，吸纳就业，为恩施州脱贫攻坚贡献力量。近三年，累计在恩施创造税收8600万余元，吸纳就业7000余人。

（四）慈善公益 扶危济困 聚合温暖

奥山先后向恩施、宜昌30所学校捐赠书籍3万册，建设30所"奥山公益书屋"。向洪湖市曹市镇爱心助学协会、湖北省青少年发展基金会华师雨薇教育基金、希望工程、经心成长基金、东润公益基金等捐资。援助西藏山南市教育产业发展。奥山参与复建的经心书院为湖北贫困地区留守儿童捐建500所"经心希望书屋"。

为恩施市太阳河乡卫生院进行综合楼建造整修，改善硬件设施和就医环境，推进农村医疗卫生发展。为贫困地区少年儿童实施营养改善计划，为恩施市龙凤镇中心小学建设"阳光厨房"。向恩施五峰、鹤峰等地少年儿童捐赠2000罐进口奶粉。2014年奥山注资成立"湖北省武珞路中学教育发展基金会"。持续捐助武汉网球公开赛，向书豪李群体育事业公益基金会捐赠。2019年，向清华大学教育基金会捐赠1000万元，支持科学研究、学科建设和学生国际化培养工作。

打造百年三宁　建设美丽化工

编者按：历经五十载，三宁公司做大做强的同时，始终践行着"三宁化工，情系三农"的初心，积极开展企业党建，投身精准扶贫和公益慈善事业，始终坚持实业报国，专注实业、专注化工、专注创新，走出了一条具有三宁特色的绿色发展之路，用实际行动诠释了"三宁——国家安宁、企业安宁、员工安宁"的深刻含义。

（一）企业概况

湖北三宁股份有限公司的前身系枝江县化肥厂，始建于 1969 年。1993 年改制为股份有限公司，2001 年通过"两个置换"改革成为民营企业，2007 年山西晋煤集团相对控股。公司注册资本 2.67 亿元，拥有资产 120 亿元，具有年产 130 万吨总氨、240 万吨氮肥、磷肥和复合肥的生产能力，230 万吨硫酸、磷酸、硝酸、盐酸，14 万吨己内酰胺的生产能力，是一家集煤化工、磷化工、石油化工、精细化工和工业服务业为一体的大型企业。在低压甲醇、型煤造气、精制磷酸等方面拥有自己的核心技术。

三宁公司通过了"质量、环境、职业健康安全管理"三体系认证，先后荣获全国五一劳动奖状、中国石油和化工优秀民营企业和最具社会责任企业，全国首批、湖北省唯一连续九届"守合同、重信用"企业，湖北省安全生产红旗单位等奖励和荣誉称号，"三宁"商标为中国驰名商标。2018 年在湖北工业企业 100 强中名列第 39 位，湖北省地方化工企业名列第二位（除中石化外），宜昌纳税 10 强中名列第 3 位。

近年来，三宁公司在公益事业等方面累计投入资金近 600 万元。公司先后荣获"宜昌市第一批春暖扶贫企业""宜昌市慈善爱心捐赠单位""湖北省十大最佳杰出贡献企业""全国模范职工之家"等荣誉称号。

（二）内部建设

1. 坚持以人为本

三宁公司牢固树立人才优先发展理念，不断激发人才的创新创造活力。设立总经理奖励基金、"人才专项经费"和"教育培训经费基金"，用于人才队伍的培养建设。每年拿出 1000 万元专项资金对取得技术成果、专利技术人员以及为企业做出突出贡献的优秀人才进行特别奖励。

进一步完善薪酬激励机制。修订《绩效工资发放办法》，按岗位定编数核发绩效工资，近五年来，员工薪酬每年保持 10% 以上的增长。2018 年两次上调员工薪资，上调倒班津贴，正式员工人均薪酬上涨近 400 元，派遣员工人均薪酬上涨 100 元。足额为员工缴纳五险一金。为鼓励员工加强学习，公司每年拿出专项资金近百万元，兑现自学成才员工、年终培训评比优秀单位、技能竞赛获奖人员、优秀师徒和在职员工子女就业奖励。为让广大的年轻大学生们安心立业，公司对本科及以上的毕业生实施购房一次性补贴 5 万元至 20 万元。

大力开展员工技能培训。发挥三宁职校人才培训主阵地作用，投资 30 余万元，开设新进员工培训、华商研究院第一期管理继任者培训、内训师培训及公司首届内训师授课技能比武大赛、实习生培训、安全生产等专题班。投资近 50 万元与格局商学人才学院签订合作协议，搭建湖北三宁人才学院平台。通过开展系列特色业务培训，参培人员综合业务能力在较短的时间内得到提升。开展培训检查，多角度全方位了解各单位培训开展情况，推动培训工作更好服务公司生产发展。

2. 建设党建之盾

党建工作是企业发展的坚强后盾。公司坚持把党建工作放在重要位置，强力推动主体责任落实。紧紧围绕公司生产经营目标，以"践行新思想，展现新作为"为主题，强基固本促双创，为公司实现高质量发展发挥政治引领作用。

一是狠抓学习教育。公司党委把党的十九大精神贯彻落实作为全年学习重点，结合主题党日活动这个载体，通过开展各种活动，多途径全方位推进党的十九大精神在基层一线的落实。为适应新形势新任务新要求，在员工中广泛开展社会主义核心价值观、新党章、新宪法、《中国共产党纪律处分条例》、扫黑除恶等学习教育。通过了宜昌市七五普法督查组检查，被评为宜昌市法治建设示范点。

二是丰富活动载体。围绕"践行新思想，展现新作为"主题，进一步创新党建工作载体，拓展活动内涵，党员先锋模范作用显著增强。各基层党支部结合岗位性质积极探索，对党员积分制进行了梳理优化，真实反映了党员在岗履职情况。举办先进党组织和优秀共产党员事迹报告会，讲述了身边先进党员的感人故事，开展"践行新思想、展现新作为"主题征文活动。组织开展党员聚心活动，充分发挥党员的先进性。

三是打造党建品牌。按照组织规范管理标准，不断完善组织架构，打造非公企业党建品牌，取得了初步成效。截至目前，公司共有基层党支部9个，党小组42个，党员429人。重新修订《党建工作制度》，明确了各级党组织和党员干部的工作职责，厘清了工作程序，遴选出重要党建工作制度5个，为基层支部开展党建工作提供了依据。为守护风清气正的三宁净土，严肃打击一切损害公司利益的违纪行为。

（三）积极参与精准扶贫

公司积极投身湖北省"千企帮千村"精准扶贫行动，结对帮扶顾家店镇人和垸村和董市镇笋子沟村。脱贫致富，关键是做强产业基础。

公司领导实地查看村情，为其出谋划策，扶持人和垸村重点发展蔬菜种植和乡村旅游等主导产业。引进人和蔬菜专业合作社大力发展鱼腥草产业220亩、蔬菜瓜果400余亩；引进义茂蔬菜专业合作社，发展萝卜种植400多亩。依托本地历史文化资源，以秋蕊菊花专业合作社为龙头，打造菊花茶采摘、加工、品尝等体验式"人和菊园"乡村旅游项目。成功举办两届菊花节，吸引大批游客观花赏景，带动农家乐发展和菊花茶销售。同时，公司出资近 80 万元，支持笋子沟村道路、文体广场等基础设施建设，安置就业百余人，解决群众出行难、收入低等问题。

顾家店镇人和垸村有一农户，户主叫段龙荣，其父亲不幸从高楼坠落留下重度残疾，救治中花光积蓄、欠下债务，一家全靠段龙荣在外务工勉强维持生计。公司领导亲自到该户家数次走访慰问，送去救助金和生活物资，为其父亲落实低保救助、重度残疾人护理补贴，帮助其流转土地获得收入，并多次电话联系段龙荣本人，鼓励他返乡创业。段龙荣于 2017 年春节回家尝试龙虾养殖，在专家的精心指导和三宁公司的帮助扶持下，他的养殖业发展良好，年底算账净赚 3.1 万元。2018 年，段龙荣流转 100 亩土地养龙虾，一年纯收入 14 万元。段龙荣充满了感激和喜悦地说："在家创业，照顾父母与脱贫致富两不误，是我原来敢想不敢做的事，现在都实现了，不仅自己越干越带劲儿，父母精神状况也一天天好起来。这要感谢三宁公司的帮扶！"

三宁公司为该村 29 个贫困户量身定做帮扶计划，落实帮扶措施。扶持 9 户发展蔬菜、菊花产业，扶持 7 户发展养殖业，帮助 8 户改造危房，安置就业 6 人，捐资助学 9 人……贫困户都从"要我脱贫求帮扶"变为"我要脱贫奔小康"！

（四）慈善公益

一直以来，公司高度重视慈善捐助公益事业，在慈善总会发动的各项公益活动中，认真做好单位内部宣传活动，积极组织参与。并由公司工会牵头，广泛参与市公司工会和县慈善总会发起的"献爱心"活动，多次受到市公司工会及慈善总会的表彰。

1. 创新体制建设，成立爱心帮扶基金会

为弘扬中华民族团结、互助、共济的传统美德，帮助减轻员工和社会的特殊困难，共建和谐社会，在公司董事长李万清的提议下，公司自然人股东、法人股东和部分中层管理人员发起并率先捐赠爱心款，于 2010 年 6 月 8 日成立

了"爱心帮扶基金会",共收爱心捐款 185.12 万元,此基金主要用于社会和公司员工的紧急援助。

2. 深化党员志愿者活动,发挥党员模范带头作用

公司开展慈善捐助活动坚持党员领导干部带头,着力在活动的内涵和形式上创新,创造性地开展多种形式的志愿服务活动,充分彰显党员的先锋模范作用,深入开展走进社区、走进农村、走进社会,不断拓宽服务群众的渠道。公司成立了党员对口帮扶困难学生团队,每年开展"金秋助学"实践活动,给予了多名贫困学子心灵上的安慰和物资上的帮助,共计捐款 3.6 万元。

3. 积极参与各项慈善活动,为社会慈善事业尽职尽责

一个企业承担社会责任可以体现在很多方面,最直接有效的是体现在对社会的公益慈善事业的支持上。公司在工业反哺农业,支持建设和谐、小康的社会主义新农村活动中,先后注资 300 多万元,帮助新农村建设对口联系村和企业周边村级组织完成了村级公路、土地治理及饮水等基础设施工程,并为枝江市 40 多个农村科技文化中心户捐赠了价值 10 多万元的科普图书、电教设备。在汶川、玉树地震、云南旱情发生后,公司又积极组织职工募捐 100 多万元,支持灾区重建。另外,公司还给予慈善机构及工会组织捐款 20.2 万元,仅"慈善一日捐"就募集善款 11.6 万元,给予市羽毛球协会捐款 3 万元,扶持革命基础设施建设 3 万元,帮扶老干部退休协会 2 万元,支持小学安全教育进校园 9.35 万元。三宁公司以实业报国,以仁心回报社会,让更多的群众走上致富之路。

(五) 转型发展,打造长江经济带绿色化工示范企业

三宁公司近半个世纪以来,始终坚持实业报国,专注实业、专注化工,走出了一条具有三宁特色的绿色发展之路。在努力寻求企业发展同时,公司始终将企业发展和社会责任摆在同等重要的位置。公司在对股东、员工、政府负责的同时,更加强调履行社会责任。多年来,公司在环保方面的投入不断增加,在努力提升全员环保意识的同时,更加注重技术的革新和装备的更新。截至目

前，公司投入环保治理的资金累计达到了 5.8 亿余元。

1. 坚持转型发展，围绕产业链条实现产品升级

十多年来，三宁公司以年均开工一个大项目的速度、年均投资 10 亿元的强度，赢得发展主动。近年来，累计投资过百亿元，先后完成"4030"工程（40 万吨总氨、30 万吨尿素）、68 万吨磷复肥工程、年产 20 万吨己内酰胺工程、60 万吨高浓度复合肥工程等重大项目建设。同时，淘汰了碳铵、普钙等产品和硫铁矿制酸等装置，推动公司产品由传统化肥向石油精细化工和高端复合肥的转变。目前，三宁公司高新技术产品的占比达 63.47%，非肥化工产品产值占比接近 50%。2018 年 2 月 9 日，三宁公司再次投资 100 亿元，实施尿素厂搬迁转型，新上年产 60 万吨乙二醇项目。该项目是湖北省目前在建的最大制造业项目。项目建设周期为 24 个月，于 2020 年一季度投产。

2. 坚持绿色发展，打造美丽化工保护长江生态

公司始终坚持绿色发展理念，确保安全生产和环境保护并重。近五年投入 5.8 亿元，采用国内外先进工艺和设备，专项用于环境保护，使公司排放标准达到或高于国家标准。8 套在线监测装置与省环保厅在线检测平台联网，做到实时监控。为响应"长江大保护"的号召，公司在淘汰本部的硫铁矿制酸、普钙等落后产能以及鑫宁矿产品公司之后，2017 年又主动关闭了紧邻长江、年盈利 2000 多万元的宜昌田田化工子公司。虽然砍掉一个经济增长点，企业不舍、员工不舍、地方政府也不舍，但是，长江大保护既是保护我们自己，更是为子孙后代造福，必须壮士断腕，舍小家、为大家。

3. 坚持创新驱动，打造可持续发展动力

三宁公司通过设备改造、技术升级等手段扩大规模、提高产能、优化工艺、降低成本，始终保持生产装置在行业内的先进性。近年来，公司在新技术、新工艺开发，新产品研制等方面，每年研发项目数量在 20 项以上，平均每年研发费占营业收入的 3.3%。截至目前，三宁公司共拥有自主研发授权专利共计 274 件，有效专利 246 件（发明 27 项，实用新型 210 项，外观设计 10 项），软件著作权 5 项。公司在低压甲醇、型煤造气、硫磺制酸、精制磷酸、己内酰胺等方面拥有核心技术。获得湖北省科技进步奖 3 项，循环经济协会及氮肥工业协会奖励 5 项，参与了己内酰胺等两项国家级标准的制定。

"我们是改革开放的受益者，对国家对人民要永怀一颗感恩回馈之心，让全社会分享到我们改革和发展的成果！"这是三宁公司董事长李万清在"中国特色社会主义事业优秀建设者"命名大会上铿锵有力的发言，这是一名当代优秀企业家的庄重承诺。

回天新材：中国质造，民族品牌

编者按：公司通过产品或服务贸易、进行海外并购等形式投入国家"一带一路"倡议在越南的建设，响应政府号召，为国家科技创新做出贡献。在慈善公益上，公司于 2007 年设立"章锋爱心基金"，主要用于贫困学生上大学补助，贫困村、大病困难人员的救助金，年投入金额达 450 万元。党政建设上，公司内 129 名党员积极弘扬红色基因的主旋律、传播正能量，每月举行主题党日活动，始终致力于将回天打造成"红色民企"。2018 年"七一"，公司党委组织 130 多名党员干部到大别山开展了以"传红色记忆 铸奋斗传奇"为主题的大型党建活动。

（一）企业概况

回天新材（300041）是专业从事胶粘新材料研发、生产的国家高新技术企业集团，在国内鄂、沪、粤、苏四地和海外分别建有产业基地和研发中心，是中国胶粘新材料领域屈指可数的龙头企业和知名品牌。成立超过 20 年，2018 年营业总额达到 17.39 亿元，同比增长 14.8%，净利润突破 1.19 亿元，纳税金额达 9735 万元，员工总数为 1245 人。

回天新材创立于 1977 年，前身是国内较早从事胶粘剂研发的科研单位，也是科研院所按市场化运作转制的民营高科技企业。公司建有国家级博士后科研工作站，是行业内唯一一家国家企业技术中心，有一支由 18 名博士、80 名硕士等科技人才组成的核心研发团队，拥有自主知识产权专利204项。公司与武汉大学、复旦大学、中山大学等知名高校积极开展产学研合作，与中国科学院合作建有"中科院应化回天高性能胶粘剂材料工程技术中心"，强强联手打造世界胶粘新材料产业基地。

回天新材主要从事高端工程胶粘新材料的研发，在世界第一大桥港珠澳大桥、世界第一高楼636项目、世界最大轨道交通制造商中车、世界第一客车制造商宇通、世界最大的光伏产业群和苹果华为电子产业等世界级标杆项目和战略产业中强势替代进口，在新能源、电子、汽车、高铁、环保、航天航空等多个高端领域打破跨国巨头垄断，是当前中国胶粘新材料这一领域的最大供应商。

（二）内部建设

公司在企业文化建设上坚持以人为本，视员工为企业发展最为宝贵的财富，在员工中积极倡导"快乐工作，幸福生活"的理念，并通过多种方式不断提升员工的幸福感。

党的文化是回天最先进的文化。在40多年的发展与快速成长中，回天一直把党组织建设作为企业的力量源泉。企业的发展离不开党的领导、离不开党的政策支持、离不开全体党员的共同努力；通过把党组织引入决策层是回天实行法人治理结构的一个基本思路；通过股东大会讨论决定，公司的所有人事安排、管理制度、行为规范、企业文化都要贯彻党建的思想和原则；员工招聘、干部提拔、高管竞聘，甚至董事会、监事会成员候选人都采取共产党员优先录取的制度，建立了回天人事任用的"四优先"原则。在班子建设上，公司董事会、高管层和中层骨干队伍中都要有80%的党员，通过这种方式使每次董事会决策时，党委班子成员占了绝对多数，高管层和中层干部执行时，党员也占了大多数，把党组织智慧和思路融入了企业重大问题的决策上，把党的路线、方针、政策贯彻到企业的发展中。

积极探索企业发展文化。在40多年的发展探索中，围绕"以客户为中心""以奋斗者为本"的核心理念,逐步形成了一整套富有回天特色的企业文化体系。而正是这种具有强大感召力的企业文化,塑造了回天精神和魂魄,锻造出一支打不垮的员工队伍,并形成了强大凝聚力。

积极营造回天企业"家文化"。2018年,党委带领回天工会、团委进行换届选举,组织各类培训,定期举办丰富多彩的文体活动和节日聚餐,员工个人及家庭成员有嫁娶生子、丧葬看病等情形,工会都会发放福利或上门慰问;团委定期组织各类学习分享会,鼓励年轻人学习、上进,正如习近平书记说的那样"幸福是奋斗出来的"。通过工会、团委这种"家文化"氛围的营造,回天公司员工具有高度的"匠心"精神与上下一心的凝聚力,反过来促进了企业的发展。相信在习近平总书记为核心的党中央坚强领导下,在公司企业文化的熏陶下,回天一定能够持续保持高速增长。

(三)精准扶贫

公司多次参加湖北省组织的"精准扶贫、精准脱贫"活动,并具体参与了黄冈、襄阳、英山等多地的贫困帮扶、产业扶贫等一系列活动,真正做到用行动"助力精准扶贫",2018年主要事迹如下:

2018年1月,为10个困难家庭发放困难补助2万元;对襄阳市南漳县薛坪镇重点贫困村——张铁沟村,捐赠40套价值3万元的办公桌椅,解决村委会正常办公问题;为襄阳市南漳县九集镇老关庙村捐赠30万元和价值70万元光伏组件,经屋顶平整、项目采购、施工等,于12月份完成,现已正常并网发电并投入使用。

2018年2月,对襄阳市谷城茨河贫困户养殖羊定向采购19973.2元,解决销路问题。

2018年6月,为襄阳高新区"情满校园 读书追梦"活动捐款5万元。

2018年6月,为湖北省光彩事业促进会捐款50万元。

2018年7月,对南漳县九集镇山区贫困儿童捐款3.2万元,用于解决他们的生活和上学困难;为深入贯彻落实习近平总书记治边稳疆重要战略思想,中央第六次西藏工作座谈会精神，响应湖北省工商联号召，随湖北省党政代表团赴西藏考察，并为西藏自治区山南市隆子县玉麦乡捐款 100 万元。为襄阳市南漳县九集镇老官中心小学捐款 2 万元，购置学习用品；为湖北籍老乡罗平波捐款救急 0.5 万元。

2018 年 9 月，为襄阳市"守望成长 慈善筑梦"活动捐款 6.8 万元，用于贫困学校建立图书馆。

2018 年 10 月，为西双版纳爱心扶贫——优选农产品捐款 2 万元。

2018 年 12 月，为突患大病的张春风捐款 3 万元。

帮助社会弱势群体，安排残疾员工就业。回天专门设立了 100 多个阳光岗位，虽然生产效率有所降低，但这 100 多名残疾员工可以和正常人一样在回天工作和生活，他们的家庭生活有了保障，社会也就多一份和谐。过年过节，公司都会安排工会对襄阳市保康、南漳等山区贫困群众进行捐助，将大批的爱心米、爱心油、爱心肉送到贫苦百姓手上。迄今为止，回天公司累计投入资金和物资 3000 多万元，成为襄阳市捐款最多的民营企业，并影响带动了一批人参与到社会扶贫公益事业中。公司也先后获得"抗震救灾荣誉证书""慈善爱心企业""十佳慈善企业"等荣誉。

（四）慈善公益

1. 教育健康公益

设立助学金助力教育。回天将"创造价值，回报社会"确定为企业发展宗旨和使命，建立了"章锋爱心助学基金"，用于帮助上学有困难的孩子和看病有困难的弱势群体，先后在襄阳捐建了 5 所山区乡村诊所，帮助两百多名贫困中学生重返校园，支持一百五十多名特困生圆了大学梦。每当国家发生大的灾难，回天都是第一时间挺身而出，带头捐款捐物。

2. 行业绿色转型发展

提升品牌竞争力，实现公司创新。2018 年，在中美贸易战，国内金融去杠杆、制造去产能的形势下，民营企业发展日益艰难，上市公司股价大跌，市值严重缩水。回天新材是专门生产替代欧美日跨国公司新材料产品的科技型企业，面对恶劣的外部环境，公司通过三次变革与创新，形成"铁三角"模式，激发团队活力与创造力，赢回了市场。

通过变革与创新，回天的产品性能与服务质量被客户与市场认可，一批批大客户、大项目被回天拿下，在世界最长的港珠澳大桥用胶招标中，回天击败五家跨国公司，高铁汽车装配生产线上回天产品性能超越国外品牌，华为苹果手机也纷纷选用回天供应的胶粘材料。2018 年，在美国挑起与中国的贸易战，陶氏挑起与回天的市场战，胶粘剂行业公司普遍下滑 40%~60%、行业全线亏损的情况下，公司正是通过变革与创新，获得了核心技术和市场的突破，销售收入同比增长 20%；利润同比增长 10%。

当代集团：责任当代，美好人类生活

编者按：当代集团坚持以"科技"和"创新"为驱动，关注人与自然的共生共赢，本着善意和分享的态度，致力于做卓越企业的善意合作伙伴，推动个人、企业和行业实现价值提升。经过三十年的发展，当代集团已逐渐发展壮大成在全国具有一定影响力的综合性民营产业集团。在所涉及的医药（代表企业：人福医药）、消费（代表企业：三特索道、当代地产）、文化（代表企业：当代明诚、当代教育）等领域建树颇丰，并已逐步成长为其所在细分行业的先行者和领导者。

（一）企业概况

武汉当代科技产业集团股份有限公司（以下简称"当代集团""集团"）成立于 1988 年 7 月，是注册在武汉东湖新技术开发区的一家民营高新技术集团公司，注册资本 45 亿元，企业信用评级为 AA+。截至 2018 年 12 月 31 日，当代集团资产总额逾 900 亿元，近四年集团总资产及营业收入均保持持续增长，年复合增长率分别为 42.5% 和 33.0%。

当代集团始终相信，企业需要盈利，但绝不是唯一目标，更不是最高目标。一家卓越企业要有良知、有担当，为社会和人类有所贡献。当代集团围绕"善"的核心，坚持"360°责任观"——用商业行为推动社会进步，创造价值；相信人才第一，不断发现人才、成就人才。长期坚守环境与教育两大公益事业，践行"敬畏自然，善意合作"的公益精神，以自身的影响力和号召力传播公益理念。迄今为止，集团累计向社会捐赠逾 2 亿元。

（二）内部建设

1. 党建工作

当代集团始终坚定不移地坚持党的领导，集团党委充分发挥领导核心和政治核心作用，让党建工作成为促进集团发展的有力抓手。积极贯彻落实党的路线、方针及政策，制定、完善《当代集团党委工作规则》《当代集团纪委工作规则》等二十余项党建相关规章制度，保障党建制度的完整性、科学性。当代集团不断完善自身及旗下企业基层党组织建设，协助和指导集团体系内各伙伴企业建立党的基层组织。截至 2018 年，集团体系内平行党委 5 个，分党委 3 个，党总支部 24 个，基层党支部 119 个。

2. 合规稳健运营

当代集团重视合规管理工作，严格遵守《公司法》《证券法》等法律法规，不断健全合规制度体系。2018 年，当代集团有针对性地起草、出台了一系列制度规范，为集团合法、合规经营提供了制度保障。同时，当代集团不断完善各项业务操作流程，督促各项制度流程的实施情况并关注有效反馈信息以不断改进，实现程序与实体有机统一的风险预防体系。

3. 丰富员工活动与保障

当代集团关注员工伙伴的多方位成长，在为员工提供基本权益保障的同时，通过开展困难员工帮扶、女性员工关爱等活动，构建温馨的企业氛围。在人福马里，除依法遵守非洲马里当地劳工保护的法律法规，为员工提供基本权益保障之外，还每年举办人福杯足球联赛、趣味运动会等员工文体活动，丰富员工日常生活，促进中方和马方员工更好的融合，提高人福马里公司员工整体的凝聚力和归属感。

4. 实现绿色、安全发展

当代集团鼓励旗下生产制造型企业结合生产实际情况寻找节能潜力，通过更新设备、节能技术改造等方式保障节能环保目标的落实，推动节能环保取得实效。在办公运营方面，当代集团将绿色运营贯穿于经营管理的全过程中，在经营的各个方面注重绿色环保的经营理念，采取多种手段减少公司运行对环境和自然资源产生的不利影响。

当代集团深知产品质量与安全是企业生存的根本。集团坚持品质立企的原则，持续推进旗下企业严格按照法律法规和行业标准，建立健全产品和服务标准，持续提升质量水平，为社会提供高质量、可信赖的产品。当代集团医药产业集群旗下伙伴企业宜昌人福严格依据 ICH Q10 制药质量体系以及医药行业的相关管理规范，建立产品质量管理体系。消费产业集群旗下伙伴企业华山三特索道建立安全管理体系，从意识提升、安全管控等多个方面提升索道运营管理，保障游客生命安全。从 1996 年运营至今，华山三特索道已接待游客 1800 万人次，未发生一起安全责任事故。

（三）践行商业责任 助推社会进步

当代集团始终以实业报国为己任，积极用商业行为推动社会进步，为社会谋求更多福祉。

在三十年发展历程中，当代集团将企业发展与人的全生命周期发展相结合，在医药、文化、消费等民生领域持续深耕；同时利用自身在行业细分领域的产业优势，谋求新的经济增长点和突破点，持续推动社会经济发展。

1. 深耕实业，布局民生产业

当代集团医药产业集群旗下伙伴企业人福医药在研制高品质医药产品，改善国内医药环境的同时，积极响应国家"一带一路"倡议，深化国际特别是非洲医药产业布局，帮助改善当地医疗卫生条件，推动西非医药行业的发展。

2009 年，人福医药在西非马里建立了西非第一座现代化药厂。经历了厂区选址、建设、药品试生产和正式投产等一系列艰难的阶段，人福医药用近十年的时间帮助西非建立起相对成熟的医药市场。同时，着眼于西非医药行业的长远发展，人福医药注重对当地医药人才进行培养。目前，在人福马里，一线的医药生产技术岗位已完全由马里当地人胜任；在人福埃塞，埃塞本土员工也已超过 50 名。

与此同时，当代集团深耕教育产业，引入先进的教学模式和理念，提升国民素质教育水平。自创立以来，当代教育在高等教育、基础教育和教育衍生业务细分领域深耕细作，持续推动高质量教育的大众化、普及化。先后成立 2 所高等院校，开办普惠至中高端幼儿园近 50 家，在全国布局 10 个研学旅行营地，累计培养学生近 20 万人。

2. 创新突破，引领产业升级

当代集团及旗下伙伴企业充分发挥能动性在各细分产业领域持续探索，创新突破，引领产业升级。在医药领域，专注医药产品研发，推动医药细分领域的技术创新；在文化领域，整合体育产业优质资源，提升中国体育在国际市场的知名度。

人福医药将创新研发作为生命线，通过科研团队建设、研发资金投入，推进医药产品技术创新，截至 2017 年，人福医药共汇聚医药研发技术人员 1200余人，博士近 70 人；2012—2017 年，医药研发投入超过 22 亿元。在麻醉镇痛和麻醉科用药、生育调节药、特色植物药等多个细分领域引领行业发展，在研 10 多个创新药填补了医药领域空白。目前，宜昌人福麻醉类主导产品占据国内市场 60% 以上份额，已成为亚洲较大的麻醉药品研发和生产基地，麻醉产品销往全球 22 个国家和地区，为全球数十亿患者带去福音。

在国际化研发方面，人福医药已在北京、武汉、宜昌、新泽西、纽约、圣路易斯等地设立研发中心，获得 70 多个美国仿制药的 ANDA，海外在研项目40 余个，成为带领中国药品走出国门的企业标杆。

近年来，随着中国人民体育消费需求不断提升，体育产业也蓬勃发展。当代集团文化产业集群旗下伙伴企业当代明诚通过打造新型营销模式，在体育营销、体育版权等领域不断突破，进行全面资源整合，实现向"中国体育产业领跑者"的提档升级。2018 年当代明诚打破外资 27 年垄断，成为亚足联2021—2028 年全球独家商务权（营销权和版权）合作伙伴，创造了由中国公司主导国际顶级体育 IP 商业开发的第一次。目前，包含 2023 年亚洲杯的亚足联商务合作工作已经启动，当代明诚将助力更多中国品牌走向世界，搭建中外体育交流的桥梁，逐步提升中国体育的国际影响力。

（四）以人为本，培养优质人才

当代集团坚持"人才第一"的理念，将人才作为自身最大的财富，努力为社会培养优质人才。

当代集团将自身定位为"卓越企业的善意合作伙伴"，倡导企业与企业、企业与员工、员工与员工之间的相互尊重，共同成长。通过"伙伴文化"的建立，向员工倡导正确的价值观和道德观，提高员工的文化素养和道德水准。

当代集团充分尊重人才需求，为人才提供良好的发展平台。集团不断完善人才招聘体系，通过多渠道、多种形式发掘优质人才。2017 年，当代集团上线"北森"招聘服务系统，实现与旗下伙伴企业资源共享，推动集团全产业链招聘信息化建设，及时有效地为集团输送优质人才。当代集团利用自身产业优势、结合不同行业特点，设立灵活的职业发展通道，建立集团员工轮岗制度，通过多岗锻炼，帮助员工明确自身发展路径；针对不同员工的特长与发展需求，设立了双序列的发展通道制度，给予员工灵活的发展路线。

同时，积极搭建完善的人才培训体系，以员工需求为导向，设立战略文化、综合管理、专业能力等不同类型的课程体系，并面向新员工、高潜人才和在职高管制定了领航人才培训体系，为不同员工探索适合自己的职业发展路径奠定了良好基础。当代集团关注的不仅是员工能力的提升，还包括员工价值观的培育和引导，在新员工培训中，通过举办一线工厂参观、公益义卖等形式，让员工在培训中理解和践行正确的价值观，实现全方位成长。

（五）善意合作，推动公益事业发展

作为企业公民，当代集团积极践行公益责任，在自身发展的同时全面考虑利益相关方的诉求，在推动当地社区发展、探索扶贫模式、致力环境与教育公益等方面积极采取行动。通过"五位一体"的旅游资源开发模式，实现企业运营与当地人文、生态环境的协调发展；以产业扶贫、立体化帮扶为手段打出一套当代特色的扶贫组合拳；以环保公益、教育公益为抓手，投身社会公益事业，为周边环境、社区发展做出有益贡献。

1. 开发与保护并举，构建良好的人文生态环境

当代集团消费产业集群旗下伙伴企业三特索道开发经营了贵州梵净山、陕西华山北峰索道、南湾猴岛等 30 多个旅游项目。在如何实现旅游资源开发与自然、人文保护相协调方面，三特索道经过二十年的不断摸索和实践，创造性提出了"五位一体"的开发理念，将旅游资源本体作为第一位的保护对象，在开发建造过程中始终以旅游地的自然和人文资源的保护为前提，同时兼顾社区居民、地方政府、游客和企业的和谐共赢，实现资源的可持续开发。

三特索道在开发和运营过程中，始终坚持可持续发展的开发模式，秉承对自然的敬畏，充分尊重保护地自然生态。

梵净山国家级自然保护区拥有 6000 多种生物，包括黔金丝猴、云豹等珍稀动物和全球仅存的"贵州紫薇"、珙桐等三十多种珍稀植物。开发之初，三特索道就面临着严峻的生态保护挑战。为实现对梵净山及其周边地区动植物种的保护，三特索道将生态保护的理念融入梵净山开发的全流程。聘请全球顶级生态旅游规划专家，选用全球排名第一的索道生产商，针对梵净山的环境特征提出量身定制的规划方案，保证修建索道影响树木不超过规定数量标准，最大限度减少地表创面，保护原始植被。在索道修建过程中，所有的索道支架增加10 米到 20 米，减少索道建设对于林地的占用；在运营过程中，斥资 3000 万元将梵净山游线上酒店、餐厅、小卖部等进行拆迁还建与生态恢复，避免过度开发。截至 2018 年，景区完成新建生态停车场停车位 1000 余个、旅游观光步

道 12 千米、3A 旅游厕所 10 座，新增环保垃圾箱 300 余个。

在旅游开发的过程中，三特索道还主动承担起保护与传承传统文化的重任。在梵净山，三特索道开展梵净山非物质文化遗产的推广，帮助梵净山的特色民俗文化走出大山；在陕西华阴，三特索道与华阴市人民政府签约建设"老腔故里"；在南湾猴岛，三特索道将"疍家民俗风情"与自然风光巧妙串联，一个个文化保护项目彰显了三特索道对人文资源的尊重与匠心坚守。

2. 打出扶贫组合拳，带动贫困地区发展

在企业发展的同时，当代集团积极响应国家扶贫战略，发挥自身优势，通过多种方式激发贫困地区活力。随着脱贫攻坚战略的进一步深化，集团持续加大帮扶力度，通过协调各产业集群旗下伙伴企业力量，结合贫困地的农业特点、旅游特色等产业实际，因地制宜开展"造血式"帮扶，改善贫困地产业运作模式，实现经济稳步提升。针对重点贫困县，从健康、文化、教育等多个维度开展帮扶，实现扶贫的全方位广覆盖，推动贫困地区村镇的全面振兴，以特色产业扶贫和立体化帮扶为手段，打出一套扶贫组合拳，进一步强化脱贫攻坚行动效果。2017 年，当代集团帮扶地区共 35 个，帮助建档立卡贫困户脱贫数超过 4000 人。

3. 投身教育与环保公益，积极回报社会

当代集团持续践行回报社会的公益理想，携手伙伴企业从教育发展、环保公益、扶贫助困等多个方面助力慈善事业发展。2014 年 8 月，集团发起设立"湖北省当代慈善基金会"（后更名为"湖北省当代公益基金会"）。作为湖北省民政厅批准成立的非公募基金会，当代公益基金会秉持"敬畏自然，善意合作"的精神，以"授人以渔"为使命，以"助医助学助残、扶贫济困"为主要公益方向，积极参与并推动公益慈善事业的发展。截至 2018 年，当代公益基金会已与多家公益机构、组织合作，开展 70 多个公益慈善项目，在支持教育事业发展、环境保护等方面积极开展工作。

农村儿童长期面临严重的教育资源分配不公问题，同时不少在职的农村教师，缺乏专业的教育背景和入职后的专业培训。当代集团关注到农村教育面临的发展困境，携手公益伙伴，通过投入资金、人力等多种方式，开展"千千树"培训项目等，持续推动农村教育的公平发展。2014 年起，当代公益基金会携手乐平公益基金会开展"千千树——农村幼儿园教育质量提升"项目，在湖北省农村地区推广早期阅读和幼儿教师培训。截至 2017 年 10 月底，"千千树"在当代集团支持下已惠及湖北省 8 个县（市/ 区）124 所幼儿 1315 名教师、25599 名幼儿。

当代集团还通过教育资金的捐赠等手段，激励优秀学子及老师，支持高校科研团队建设，持续推进教育事业繁荣。截至 2018 年，集团奖励优秀师生 91261 人，帮助困难学生共计 86251 人。

在国家持续推动绿色发展和生态文明建设的大背景下，当代集团秉承着对自然的敬畏之心，在濒危物种保护、自然基地建设、环保公益培训等方面持续投入，通过自身环保公益行动为美丽中国添砖加瓦。

长江江豚是长江生态系统的旗舰物种，江豚的兴衰存亡与长江的发展息息相关，也关乎位于长江中游的湖北省的环境质量。作为湖北省本土企业，当代集团关注长江生态环境，并重点关注江豚这一长江中的特殊物种，通过多种方式参与并宣传江豚保护。同时，当代集团以江豚保护为主线，响应长江江豚保护联盟的号召，加强与其他相关组织的交流与合作，参与推动长江流域环保治理工作，为环保公益事业的发展做出贡献。2012—2017 年，江豚数量的年下降速率为 2%，与 2006—2012 年的年下降速率 13.7% 相比，江豚数量快速下降的趋势得到初步遏制。

骆驼集团：循环经济，绿色动力

编者按：在企业内部关系上，骆驼集团始终把营造和谐劳动关系作为企业发展的根本和履行社会责任的一部分，将建设劳动关系和谐企业贯穿于企业经营管理的全过程。在光彩事业方面，骆驼集团长年坚持对社会上有困难的社区进行定点帮扶，认真践行"提供绿色动力，发展循环经济，不断创造人类美好生活"的企业使命，积极履行社会责任，热心资助慈善和社会公益活动，做出了一定的成绩。2018 年，公司被全国工商联、国务院扶贫办表彰为全国"万企帮万村"精准扶贫行动先进民营企业。

（一）企业概况

骆驼集团始创于 1980 年，是一家专业从事先进电池研发、生产、销售、回收再利用的高新技术企业。近 40 年来，公司秉承"提供绿色动力，发展循环经济，不断创造人类美好生活"的企业使命，打造绿色循环经济产业链。集团现有 30 家分子公司，员工 6000 余人。2018 年营业收入 197 亿元，上缴税收 9.42 亿元。骆驼集团连续 6 年蝉联中国民营企业 500 强；2018 年被中国再生资源回收利用协会授予"百强企业"；是中国铅蓄电池行业的龙头企业；并获得了"全国模范劳动关系和谐企业"、全国"'万企帮万村'精准扶贫行动先进民营企业"等多项荣誉。

骆驼集团多年来认真履行社会责任，始终坚持做绿色发展的推动者；始终坚持做美丽中国的践行者。在专注生态文明建设的同时，深耕公益事业，积极履行企业公民的责任和义务，把维护精准扶贫的脱贫成果作为重要指标，身体力行地回报社会，努力为我国的社会责任实践，贡献更多具有代表性和示范性的"骆驼案例"。

（二）内部建设

完善落实制度，全面夯实创建的基础。公司成立了劳动关系和谐企业创建工作领导小组，指导创建工作的全面开展。公司出台和完善了一系列规章制度，在国家法律的框架下，用制度管人管事，从而构建和谐劳动关系。公司严格按照国家《劳动法》及有关法律的要求，认真履行保护劳动者合法权益的义务。

全面执行劳动安全和职业卫生法律法规。公司严格遵守《职业病防治法》《安全生产法》等法律法规，建立了安全生产责任制。一方面为员工提供良好的生产作业环境；另一方面严格执行职业健康体检制度，建立员工体检档案，确保每一位员工的身体健康。

坚持以人为本的管理理念，营造良好的生产生活环境。关心关爱员工，积极主动解决员工困难。为职工建立了公寓式的宿舍楼。重视员工的心理健康，设立有心理咨询室，有专业的高级心理咨询师为职工做心理疏导。集团每年对工作表现突出的员工给予丰厚的奖励（2018年为830万元）。同时，积极协调解决员工个人及家庭困难。关心员工个人问题，多次组织相亲联谊大会，努力促成员工幸福牵手。积极筹划，开展丰富多彩的员工业余文化生活。

及时了解职工诉求，维护消费者的合法权益。在公司内部设立总裁信箱、总经理信箱，认真查实职工诉求并在厂务公开栏回复。每年进行员工满意度调查，进一步构建和谐劳动关系。成立纠纷调解中心及法律事务室实时处理劳动纠纷。加强基础管理，重塑工匠精神。致力于维护消费者合法权益。在制造优质产品，不断提升服务的同时，长年开展打假活动，维护骆驼的品牌形象和消费者的合法权益。

公司内困难员工帮扶从未间断。公司建有"困难员工帮扶基金"，每年都对家庭困难的员工进行帮扶。2018年帮扶资金为16.35万元。在公司领导的高度重视和全体员工的共同努力下，公司的创建工作取得了长足发展，职工队伍稳定，没有发生一起群访事件，消除了重大劳动关系不稳定因素。

（三）精准扶贫

骆驼集团参与了保康县张弓村，谷城县吴家洲村、黄山桠村、小沟村共四个贫困村的扶贫工作。在贫困村开展产业扶贫、就业扶贫、扶智扶志、关爱留守儿童等工作，帮助的贫困村在2018年年底全部脱贫，扶贫攻坚工作取得了显著成效。

实施产业扶贫。保康县张弓村是骆驼集团的精准扶贫点。2018年，骆驼集团捐资10万元扶持该村集体的樱桃和茶叶产业，还为村民们送去了各种种植、养殖技术书籍及配套光盘，开展技术扶贫。

安置就业扶贫。公司多次到贫困村现场招聘员工。先后有十多人到公司就业，缓解了他们的家庭困难。

扶智扶志扶贫。对贫困户进行产业技术培训，帮助他们掌握种植和养殖方面的技术。在各扶贫点进行《孝道》等传统文化培训。针对少数贫困户缺乏勤奋自强的脱贫思想，等、要国家的扶贫款现象，做了题为"树立自强的脱贫理念"的讲演。帮助贫困户"树立自强的脱贫理念"，实施精神扶贫。

重视基础建设扶贫。2018 年公司帮助张弓村 46 户 90 人异地搬迁，55 户村民产业脱贫。新建 50 亩茶园，维修公路 4 公里，新建蓄水池 3 个，铺设引水管道 4000 米。完成黄山垭村茶园改造 50 亩、8 户异地扶贫搬迁房屋建设。帮助完成 3 公里的公路硬化工程；建设了一个公厕，完成 18 户农户改厕任务。

帮助扩宽产品销路扶贫。帮助贫困户销售牛肉、天麻、茶叶等农副产品共计 20 多万元。春节对贫困户进行慰问，给每家送去大米、面粉、面条、食用油等物质，让贫困户感受到社会主义的温暖。

公司董事长率先垂范扶贫。公司董事长刘国本以实际行动践行"绿水青山就是金山银山"的理念。从 2008 年开始个人出资在谷城县铜山村认养树木，至今已有 10 余年，累计投资达 90 余万元。他个人创办了 200 万元的教育专项基金，2018 年支出 15 万元，用于市区学校设施建设。

积极安置残疾人就业。骆驼集团成立有福利工厂，为社会上的残疾朋友提供就业岗位。凡在骆驼集团工作的残疾人，每月都有除工资外的特殊津贴。2018 年在骆驼就业的残疾员工有 200 余人。

（四）慈善公益

1. 教育健康公益

企业积极投身光彩事业。公司 2018 年为高新区贫困学子共捐款 15 万元。公司从市慈善总会争取 10 万元的物质（关爱留守儿童爱心包），分发给帮扶的高新区、谷城、保康等有关贫困村、社区和教育系统，让留守儿童感受到了热心关爱。为防止和治愈留守儿童心理问题，组织了数次心理科普公益讲座，深受孩子们的欢迎。2018 年捐资 15 万元，扶持襄阳市 20 中、襄阳高新区魏庄小学校区建设；资助谷城县南河镇小学两位贫困学生至上大学的全部费用。

2. 行业绿色转型发展

致力于绿色发展，打造循环经济产业链。骆驼集团把"提供绿色动力，发展循环经济"作为自己的使命，积极研发和制造新能源电池，打造循环经济产业链。2018 年已成功与二汽等多家汽车厂商的新能源汽车达成了新能源电池配套。同时，完成了从原材料到废旧产品回收处理再利用的产业链的闭合，为国家环保做出了贡献。

华山科技：虾稻共作新模式，引领脱贫致富路

编者按：2014 年，华山科技股份有限公司在熊口镇赵脑村流转 1.2 万亩土地并整治为 220 个单元。随后，公司将虾稻共作标准单元向农户发包，通过"反租倒包"，实行"企业+基地+合作社+农户"标准化经营模式。这种"三权分置、土地流转、农民参与、互利共赢"的新型农业经营体系就是美名远播的"华山模式"。这一模式以农民为主体，企业为主力，实现了企业与农民、村集体三方共赢，深受农民欢迎，特别适于农民脱贫致富奔小康。

（一）企业概况

华山科技股份有限公司是一家以经营小龙虾加工出口、虾壳深加工及生物医药制品的民营高新技术企业、国家农业产业化龙头企业。公司成立于 2001 年，公司总部位于潜江市，占地面积 22 万平方米，虾稻共作基地面积 10 万亩。近些年，公司积极响应党中央号召，借助企业优势，立足农村一线，对接精准扶贫，探索发展新路，在市委市政府大力支持下，通过"反租倒包、以工补农"，成功地破解了农业效益比较低的问题，充分地保护农民利益，有效地实现了农民就近就地城镇化，探索形成了企业农民共享改革成果的"华山模式"，公司帮助 2000 余户农户走上了致富之路。

（二）"华山模式"助推城乡融合发展

强筋壮骨，做产业扶贫的支撑者。公司以三种方式来复制拓展"华山模式"。一是就近联片复制拓展。以赵脑村基地辐射瞄场村，建起全国最大的稻渔综合种养示范连片基地2万亩。二是在条件较差，脱贫任务较重的渔洋镇跃进村、毛桥村进行跨区域复制拓展。跃进村345户1461人、总面积2101亩、贫困户124户，毛桥村总面积2500亩、贫困户113户。贫困户人均收入和潜江市人均收入相差较大，脱贫的任务十分艰巨。公司调查摸底后，明确"产业帮扶，整体脱贫，造血固本，齐奔小康"的思路。公司采取按25斤/亩的标准免费为每户提供虾苗，为每户提供银行担保贷款2万元，提供年收入不低于3万元的就业岗位，对于特困家庭实行虾池租金免收等措施，全方位的支撑为区域内的贫困户脱贫致富提供了充分保障。三是走出去带动。2018年10月，公司在襄阳市襄州区龙王镇建万亩虾稻共作养殖基地，设标准化虾池240个，周边700余农户参与到虾稻产业中，2019年可产小龙虾2500吨，按每斤15元计算，仅小龙虾收入达7500万元，二期4万亩虾稻共作基地正在实施。

目前，在华山公司引领带动下，共有两市三镇一区8万亩进入了"华山模式"产业扶贫之中，每亩虾稻池综合收入在5000元以上。这片地区有农户4081户，其中贫困户1020户。公司计划逐步复制"华山模式"，使该区域内的贫困农户在2020年年末，全部脱贫。

勇闯新路，做产业扶贫的探路者。2013年，熊口镇被纳入全省21个"四化同步"试点示范镇，公司在全镇考察后，选择在赵脑村开展土地流转试点。赵脑村位于熊口镇最南边，典型冷浸湖田，低洼地，村里没有一条水泥路。结合公司产业优势，把赵脑村传统的"一油一稻，一麦一稻"的种养模式改为虾稻共作模式，即在稻田里套养特色水产小龙虾。这样既能解决公司原料问题，又能带动乡亲们致富。首先公司按1年每平米1元的标准把赵脑村的农田流转过来，流转面积为1.21万亩。投资6500万元，建成40亩左右为一格的"虾稻共作"养殖单元260个，再按每年1平米1元的价格，等价优先承包给该村的贫困农户，农户成为二级经营主体，虾、稻等产品由公司收购并设定产品保护价。

自 2014 年正式投入使用至今，农民收益实现了五年跳。流转前赵脑村水稻产量是 360 万斤，去年是 1440 万斤，比流转前增产 1080 万斤，水稻不仅增产而且还保障了质量安全。每个养殖单元的承包农户五年纯收入分别是 10 万、15 万、19 万、22 万、25 万左右，是传统农业生产效益的 6~10 倍。同时，公司和村集体成立了农资、农机合作社，公司占股不分红。合作社提供全程机械化耕种服务、农资供给服务和技术培训服务，基地实行"六统一"的经营管理，保证基地标准化生产。种养业实行全程机械化、服务社会化，农户"轻轻松松种地、挣钱"，村集体通过参股合作社分红、集体土地转让每年创收 100 万元以上。壮大了基层党组织。在帮扶的过程中，有很多困难户，公司和村委会一道认真审核、登记造册，并公示出来。赵脑村 58 个贫困户承包虾稻田，公司采取资金与种苗支持，为每户提供银行担保贷款 2 万元，免费按 25 斤/亩的标准提供虾苗，一年脱贫致富奔小康。周边村民看到实惠后，纷纷要求加入这种模式。与此同时，华山公司打造的华山综合社区吸收赵脑村 9 成以上人口，村民共享城镇基础设施和公共服务设施，实现了由村民向市民的转变。来潜江参观学习的党政代表团和企业、合作社络绎不绝。

强筋壮骨，做产业扶贫的支撑者。精准扶贫要扶在根子上，就得解决好造血固本，才能形成持久的支撑。一是做强做大主导产业，形成强有力的产业支撑。做稳加工出口的同时转型内销，开展国内市场销售，实现了国内首家小龙虾即食内销产品工业化生产，打造了"良仁"品牌，提升了小龙虾的品牌价值。2018 年新投资金 1 亿元，增加小龙虾加工生产线 10 条，产能增加 2 万吨。二是延伸产业链条，开发甲壳素保健食品和医用敷料。曾经，小龙虾加工后，近 80% 的虾壳成为废弃物，仅潜江市每年产生的废弃虾壳就超过 5000 吨，弃置的虾壳堆积成山，臭不可闻。华山公司率先"吃螃蟹"，与武汉大学合作研发，投资近 5 亿元建成甲壳素深加工中心，成功在虾壳中提炼出氨基葡萄糖盐酸盐、壳聚糖、壳寡糖等产品，由此，潜江市成为全国唯一的淡水甲壳素精深加工基地。随着华山公司废弃虾壳提取氨盐和虾鱼加工资源利用项目的落地、甲壳素保健品车间的投产，其废弃虾壳年处理能力达 10 万吨、保健食品年生产能力达 50 亿粒，实现了小龙虾产业由传统农业向现代生物医药高新产业的跨越。接下来，华山公司利用甲壳素开发面膜、面霜等新产品，2020 年投产。只有产品的附加值提高，才能在种养环节让利于民，才能打赢扶贫的攻坚战。"华山人"将求真务实，不断进取，把"华山模式"发展之路越走越宽，越走越远。

致力公益，做脱贫攻坚路上的践行者。公司为孙桥村、赵脑村、瞄场村先后捐款 110 余万元用于村级基础设施建设和扶贫开支。公司还捐资 200 多万元助学助教，举办首届曹禺教育奖，建设楚才大楼。

燕儿谷公司：村企联建　产业扶贫

编者按：燕窝湾村和燕儿谷生态观光农业有限公司探索出联合党建、联合决策、联合规划、联合投资、联合办公、联合生态保护与环境治理、联合提供就业的"七个联合"村企联建模式，以有机农业、乡村旅游及养生养老为主要产业，带领周边村民脱贫致富，用了 8 年的时间创造了燕窝湾村华丽蜕变的奇迹。

（一）企业简介

湖北省燕儿谷生态观光农业有限公司（以下简称"燕儿谷公司""公司"）地处黄冈市罗田县骆驼坳镇燕窝湾村，成立于 2010 年，是一家集休闲、旅游、健康养老、研学教育等为一体的乡村旅游产业扶贫示范综合体。燕儿谷公司所在地骆驼坳镇燕窝湾村是全省建档立卡旅游扶贫重点村，全村版图面积 6.8 平方公里，下辖 13 个村民小组、351 户、1368 人。2010 年燕窝湾村村级负债近百万元，人均纯收入还不足 1000 元，是全县出了名的国定贫困村，至 2014 年仍有建档立卡贫困户 132 户、397 人。八年来，燕儿谷围绕罗田县委县政府提出的"生态立县、旅游兴县"的发展举措，将大别山资源优势变产业优势，以乡村旅游为引擎实现三产融合发展，将一个国定贫困村，变成了一个知名的乡村旅游景区，2016 年被国家旅游局和国务院扶贫办确定为"全国旅游扶贫试点村"，被国家旅游局授予"全国旅游扶贫示范项目"、全国乡村旅游观测点，先后被授予湖北"十佳示范农庄"、湖北省休闲农业与乡村旅游示范点、湖北省文明单位。2016 年年底，燕窝湾村通过了"户脱贫，村出列"的初步验收。2016 年 10 月，中共中央政治局常委、全国政协主席汪洋亲临燕儿谷调研视察，对燕儿谷闯出的一条"村企联建，产业扶贫"，先富帮后富、实现共同富裕的路子给予了充分肯定。

（二）联合党建，筑牢产业扶贫的战斗堡垒

2013 年，公司和燕窝湾村成立了村企联合党支部，确定了产业扶贫的共同目标，把旅游作为乡村经济转型发展的引擎。燕儿谷公司董事长徐志新主动将党组织关系转回到村，被党员选举为联合支部第一书记，联合支部书记被聘为公司副总，双向交叉任职，加强了思想碰撞，统一了思想认识。如通过建立党员微信群，实时沟通乡村旅游发展中面临的各种问题与困难，共同研究解决方案，使"农业+""旅游+""+旅游"得到了村两委和全体群众的大力支持。联合党支部多次被评为"黄冈市优秀基层党组织"，联合党支部书记被湖北省委组织部评为"湖北省优秀共产党员，优秀党务工作者"，受到黄冈市委表彰。2017 年 8 月，罗田县委加强与创新基层党建，批准燕儿谷连片六个村（其中三个贫困村两个高山村）成立了联合党委，徐志新担任联合党委书记。

（三）联合决策，把握产业扶贫的行进航向

燕儿谷建立了"公司+集体+群众代表+专家学者"的决策机制，就如何整合资源，因地制宜发展乡村旅游和产业扶贫等重大决策，采取现场会议、"燕儿谷论坛"微信群等形式，组织群众代表和专家学者共同商讨和决策。先后有华中农业大学、黄冈师范学院、黄冈市农科院、黄冈市艺术学校、罗田县理

工中专等学校与燕儿谷开展校企合作。通过这一机制，公司确定了"坚持绿色发展，凸显地方特色，打造宜居宜业、宜游宜养的美丽乡村"的发展方向。如在乡村绿化上，大量栽种本地特有树种罗田玉兰以及能填补大别山秋冬赏花游空白的茶梅，实现了"绿化景观化，景观特色化，特色产业化"，建成了我国最大的茶梅基地。2017年2月12日，央视新闻联播以《春满人间，美丽生态谱新篇》的专题报道了燕儿谷的茶梅花海。

（四）联合规划，编写美丽乡村的新版本

在国家旅游局的统一部署下，湖北省旅游部门将燕儿谷作为旅游公益规划重点帮扶单位，安排中国地质大学旅游发展研究院为燕窝湾村编制旅游扶贫规划。公司创新旅游规划思路，将村庄的宜居宜业、宜游宜养功能纳入规划体系，把村庄规划与景区规划、产业规划合并，编制美丽乡村整体规划，将景区发展与经济增长方式的转变高度融合，将生产、生活和生态融合，实现了"村在景中，景在村里"，居民不用搬迁，成为了景区的一部分。《罗田县燕窝湾村旅游扶贫规划》被国家旅游局和国务院扶贫办授予"全国旅游规划扶贫示范成果"，燕窝湾村由过去的"厌人湾"变成了如今的美丽乡村，2015年被评为"湖北省宜居村庄"。每年游客量不断增加，2017年全年接待游客超过20万人次。

（五）联合投资，共建产业兴旺的命运共同体

强村富民是产业扶贫的应有之义，企业发展、村庄美丽和村民脱贫致富三者缺一不可。公司认为脱贫致富短期靠租金和薪金，长期靠股金，必须创新利益联结机制。公司鼓励村集体和农户以各种方式投资入股燕儿谷公司，形成公司、村集体和群众共同发展的命运共同体。如村集体以荒废的橘子园、废弃的村小学荒地作价，入股燕儿谷公司，持股10%，既盘活了闲置资源，又发展了集体经济，还解决了公司的土地短缺问题。2018年，村委会还以集体建设用地投资入股发展养老服务业，建设燕儿谷返乡养老村。已经有部分村民以承包

经营权作价入股，实现了从农民到员工，从员工到股东的身份转换和就业、增收方式的转变，共享了公司的发展成果，越来越多的村民都提出了入股公司的愿望。根据 2017 年修改的我国《农民专业合作社法》的规定，市场主体可以成为合作社社员，公司正在与村集体和农户共同筹建燕儿谷养老服务专业合作社和燕儿谷特色林业合作社。

（六）联合办公，打造乡村旅游的"一站式"服务

2013 年，公司与村集体联合建设了办公楼，产权归村集体，合署办公。办公楼既是党群服务中心，又是游客接待中心，村干部参与坐班，产业扶贫的管理和服务成为了村两委的日常工作，既方便了村民办事，也方便了游客，增加了乡村旅游的氛围，村民的乡村旅游参与度更高，也提高了村两委的服务效率和管理效能。公司、村委会和农户共同成立了燕儿谷农家乐联盟，按照"四统一"，即统一建设标准、统一服务标准、统一价格标准、统一接受客户投诉，由村委会进行日常管理。

（七）联合环保，构建生产生活的优美环境

生态保护与环境治理是发展乡村旅游和健康养老的先决条件。2013 年以来，村企联合关停了 3 个采石场和 3 个影响生态环境的养鸡场养猪场，拆除了 120 多间猪圈和旱厕，投资建设了 3 处旅游厕所，并在所有通村通组的路旁都种上了行道树，还将全村范围内的鱼塘淤泥都挖出来送到山上，既清洁了池塘，又改良了土壤。大规模推进垸落整治，建成人工湖、外婆桥、徐家老屋、燕归园等特色人文景点，完成了河道治理、湿地改造、安全饮水等一批基础建设工程，村容村貌焕然一新，生态环境不断改善，成为了燕子、大雁等候鸟的栖息地，长期栖息在此的喜鹊超过 1 万只，茶梅和梅花绽放的季节，喜上"梅"梢的画面深受游客喜爱。2015 年燕窝湾村被评为全省绿化生态单位。2017 年年底，县委县政府整合资金 3000 万元进一步治理与优化燕儿谷片区 6 个村的人居环境。

（八）联合"双创"，培育乡村振兴的生力军

面对农村的能人和青壮年劳动力大量进城，造成空心村、荒芜村现象，燕儿谷公司主动作为，弘扬家乡情结，三农情怀，积极发展乡村旅游，为游客也为乡亲们打造引得来、回得去、乡愁留得住的精品乡村游产品，喜迎返乡能人与农民工成为乡村振兴的生力军。为此，公司积极为他们提供就业创业条件，鼓励他们返乡就业与创业。目前公司有固定员工58人，其中31人属于农民工返乡就业，还有7名返乡大学生，公司员工13人具有本科及以上学历，县政府为他们提供了人才公寓。公司与村委会鼓励带动周边农户开办农家乐45家，注册了燕儿谷商标，推出了"燕儿谷美食铺子"，支持农户种植有机蔬菜，饲养土鸡，养蜜蜂，磨豆腐，扯油面，编竹器，公司负责收购包销，通过农家乐就地销售或通过线上销售，把游客"请进来"、把优质农特产品"送出去"，推出的罗田特产软萩粑被评为湖北十大名优农副产品，创造了日销售1万个的纪录，实现村民家门口就业与创业。七年来，燕窝湾村返乡农民147名，是黄冈市和罗田县的返乡创业示范点，燕儿谷公司还是黄冈市返乡创业促进会的发起单位。

第五篇
湖北省民营企业防范化解风险调研报告

根据全国工商联的统一部署，湖北省工商联组织开展民营企业防范化解风险情况专题调研，重点围绕民营实体经济企业负债率和民营金控企业自身经营情况，深入武汉、襄阳、荆门、随州、仙桃等地个别访谈 65 位民营企业家，通过民营企业调查平台开展问卷调查，协调湖北省经信委、省金融办、人行武汉分行、省银监局、省证监局、省保监局提供相关数据和资料，现将调研情况报告如下：

一、湖北省民营企业风险防控基本情况

（一）湖北省民营经济运行稳中向好

一是规模实力显著增强。湖北省正面临长江经济带发展、"一带一路"建设、中国（湖北）自贸区建设等重大战略机遇，发展空间和潜力前所未有，民营经济发展稳中向好，高质量发展已上轨道，2017 年，全省民营经济实现增加值 20081.65 亿元，占全省 GDP 的比重为 55.0%；截至 2018 年 6 月，湖北省共有民营企业 99.07 万户，个体工商户 343.21 万户，注册资本超过 5.88 万亿元；15 家湖北民营企业入围 "2018 中国民营企业 500 强"，入围企业数量并列全国第八、中部第一，20 家民营企业入围 "2017 年中国民营上市公司创富 1000 强"。二是民营经济运行平稳健康。湖北省工商联连续 6 个季度对全省

民营经济运行情况进行问卷调查，样本点数量超过 1000 家，活跃度达到 80%以上，数据分析显示，从 2017 年一季度到 2018 年二季度，湖北省民营经济景气指数分别为 54.5%、54.2%、54.6%、54.5%、54.4%、53.5%，连续 6 个季度都处于 50% 以上的扩张区间，表明湖北省民营经济总体运行平稳健康。三是创新创业主体日益壮大。新旧动能加速转换，一批创新型民企脱颖而出，斗鱼直播、卷皮网、斑马快跑、安翰光电、直播优选等 5 家企业荣登"2017 中国独角兽企业榜"；斗鱼直播、盛天网络、换车网等企业荣登 2017 年全国互联网百强企业榜。

（二）湖北省民营企业风险总体可控

从民营企业整体来看，湖北省民营企业以中小企业为主，长期以来存在融资难、融资贵等问题，企业整体资产负债率不高，民营企业运行风险总体可控，债务违约严重、资金链断裂企业只是个案。从规上民营工业企业来看，随着湖北省去杠杆政策措施深入实施，制造业去杠杆成效明显。2018 年上半年，全省规模以上工业资产合计 37081.9 亿元，同比增长 7.3%；负债合计 19363.3 亿元，同比增长 4.8%；资产负债率 52.2%，同比下降 1.2 个百分点，低于全国 4.4 个百分点，其中，国有控股企业资产负债率为 52.53%，同比降低 2.38 个百分点。从上市公司数据来看，湖北省主板、创业板上市民营企业总体资产负债率约在 40% 左右，低于全国平均水平，新三板上市公司资产负债率略高，约在 50% 左右。截至 2018 年一季度，湖北省共有 A 股上市公司 98 家，其中民营上市企业 54 家，根据 Wind 软件数据统计，湖北省民营上市企业资产负债率为 62.7%，低于 70% 警戒线，低于湖北上市企业总负债率 0.69 个百分点。

（三）湖北省民营金控集团和金融机构发展较为平稳

截至 2017 年年末，湖北省民间资本已广泛进入各类银行业机构、证券业、保险业、第三方支付等各领域，但是民资主导的金融机构数量不多、体量不大，缺少具有全国影响力的大型民营金控集团和金融机构、缺少具有带动效应

201

的大规模投资事件和案例。银行业方面，武汉众邦银行是湖北省唯——家民营银行，2017 年 5 月 18 日正式开业，由卓尔控股、当代科技、壹网通、法斯克、奥山投资、钰龙集团等 6 家民营企业发起成立，注册资本 20 亿元人民币。截至 2018 年 6 月末，银行已初步建立了产权清晰、权责明确、政企分开、管理科学的现代企业制度，资本充足率为 15.48%，核心一级资本充足率为 14.6%，均好于最低监管标准（10.5% 和 7.5%）；杠杆率为 11.88%，好于最低监管标准（4%）；不良贷款率为 0%；逾期贷款余额 107.2 万元，逾期率 0.14%，信用风险总体可控。证券业方面，截至 2018 年 2 月底，湖北省在私募基金业协会登记备案的私募基金共 319 家，其中民营控股 269 家，民营私募机构家数占据整体私募机构家数的 84.32%，但管理基金规模仅占辖区总基金管理规模的 42.33%。保险业方面，注册地在湖北省武汉市的保险法人机构共计 3 家，其中合众人寿、泰康在线 2 家为民营资本。合众人寿 2018 年二季度综合偿付能力充足率 184.72%，核心偿付能力充足率 135.88%，最近一期风险综合评级（分类监管）结果为 A 类。泰康在线 2018 年一季度风险综合评级结果为 B 类。

二、湖北省民营企业运行风险点和面临的主要问题

（一）实体企业流动性风险增大

一是部分行业领域资产负债率较高。2017 年，湖北省有 13 个规上民营制造行业资产负债率高于全国平均水平。其中，文教、工美、体育和娱乐用品制造业，酒、饮料和精制茶制造业的资产负债率超过全国平均水平 10% 以上，这些行业属于传统制造业领域，风险较为突出。二是一些大型实体企业资金链条处于长期紧绷状态。从湖北省一些民营"明星"企业危机中也可以看出，企业对陌生行业或未来发展前景盲目乐观，偏离主业对外扩张，危机随即出现。同时，部分大型民营企业在形成一定财富规模后，往往借助多个融资渠道，形

成覆盖银行、证券、保险以及上市公司的复杂的资本运作，使企业内部风险容易被隐藏和拖延。2018 年 4 月末，湖北省制造业逾期贷款（90 天以上）余额占制造业贷款总额的比重为 8.46%，比去年同期提高 1.9 个百分点，高于总逾期贷款占比 5.44 个百分点。三是应收账款增多挤压企业流动资金。省工商联二季度抽样调查显示，34.7% 的企业认为流动资金短缺，30.1% 的企业应收未收到期货款比一季度增加，部分企业资金链断裂的风险可能存在。2017 年，湖北省规上民营制造业资金周转率较上年下降 12.9%。不少供应商因市场竞争激烈等原因，被迫采用赊销方式，先供货，后结款，从而形成大量应收账款，但是供应商需要支付工人工资、原材料到期应付账款及下一轮生产所需资金，资金缺口很大，同时容易形成"三角债"问题。部分地区企业相互担保，形成你中有我、我中有你的担保链条，虽然容易获得银行贷款，但造成风险叠加。

（二）中小企业融资难十分突出

一是金融供给趋紧。2018 年 4 月"资管新规"出台后，货币供给增速和表外融资余额均显著回落，市场上资金偏紧，金融机构对民营企业投放的态度更加谨慎。调查显示，大冶市 80% 以上的企业有融资需求，60% 的企业流动资金紧张；东宝区 32 家重点企业需要流动资金贷款 12.3 亿元，但实际投放仅 3.4 亿元，资金缺口达 8.9 亿元。二是融资方式单一。民营企业以间接融资为主，其中选择银行融资的比例高达 95.8%，选择政府基金、证券公司、中小企业发展基金、小贷公司等方式融资的分别达 22.5%、21.9%、11.8%、10.6%；而天使投资、私募股权投资基金、区域性股权交易等直接融资方式仅分别占 4.9%、3%、0.6%。三是贷款难度加大。省工商联二季度抽样调查显示，44.2% 的民营企业表示当前融资比较困难或非常困难，较一季度增长了 1.6 个百分点。大多数中小民营企业表示找银行贷款较难获批，即使获批也存在审查时间长、程序复杂、手续费用高等问题，甚至过去一些经营管理好、偿债能力强，产品有销路、有利润的民营企业也面临贷款难的问题。民营企业即使能从银行融资，贷款利率在基准利率上浮 20%~80%，加上各种隐性成本，融资成本很高。

（三）上市公司高负债高杠杆风险因素积累

一是部分上市公司股权质押比例过高。据中国证券登记结算有限公司数据显示，截至 2018 年 6 月 14 日，在现有的 98 只鄂股中（不包括新股），除 *ST 凡谷股权未被质押外，其余 97 只鄂股均有不同比例的股权质押，其中 20 只股票处于高质押比例状态。民营上市企业中，天茂集团股权质押比例居于首位，高达 65.83%，三峡新材、华昌达、当代明诚、东方金钰等公司比例超过 50%。此外，九州通、京山轻机、人福医药等省内知名民营上市公司的控股股东质押比例已达到 80%以上。一旦股价下挫，高比例进行股权质押的大股东，可能面临爆仓风险，可能影响到上市公司的稳健经营，甚至造成公司控制权易主。二是债券市场潜在违约风险不容忽视。公司债券发行人主要集中在产能过剩行业和房地产行业，到期日期集中在 2018—2020 年，考虑现阶段整体经济运行状态和国家调控政策的持续加码，潜在违约风险较大，已有上市公司凯迪生态出现中期票据违约事件。九州通 2018—2020 年到期债权规模达到 100 亿元；人福医药有 4 支债券的偿还期限都集中在 2019 年，规模高达 40 亿元；福星股份有 3 支债券集中在 2019 年，规模达 26.1 亿元。三是大型民营企业面临融资成本大幅增加的压力。债券融资一级市场发行整体呈现短期化、高等级化特征，同级别的民营与国企的信用利差大幅拉大，民企债券发行难度显著加大，大量以民营企业为主体，发债主体评级 AA+、AA、A 等债券推迟或取消发行。人福医药反映，2017 年公司发生财务费用 5.68 亿元，较上年同期增长 71.91%，2018 年公司融资成本上升幅度更趋明显，债券融资成本较上年同期增加了 200~250 个 BP。

（四）民营金融机构监管有待加强

一是民间资本股权管理复杂化。"借名入股""股东代持"等问题易造成大股东对金融机构形成实际控制权。民营股东授信和关联交易多，股东贷款和关联贷款往往成为重要的利益输送渠道。二是民营银行治理水平有待提高。由于民营银行属于新生事物，成立时间较短，各项管理制度还不健全，管理的流程还不完善，管理方式还比较粗放，管理能力落后于业务发展的速度。银行同业资产占比较高，信贷资产占比相对较低，业务发展主要依赖于批发性金融，与监管要求服务小微、服务居民的定位不尽相符。三是民资主导的银行面临较高的声誉风险和流动性风险。"民营"意味着无政府信用担保，在目前社会舆论环境下，一旦其公信力下降，极可能引发流动性风险。四是P2P爆雷风险依然存在。2017年，湖北省相关部门摸排了在鄂的223家互联网金融企业，需要清理整顿的达到119家，占一半以上，新的互联网金融领域风险事件仍有发生，专项整治工作任务艰巨。

三、湖北省防范化解民营企业风险的主要做法

（一）构筑强有力的防风险政策网络

湖北省委、省政府坚决落实中央决策部署，2018年开年的第一件事、第一个会议就是动员部署打好三大攻坚战，先后出台了《湖北省防范化解金融风险攻坚战工作方案》《关于规范和加强全省企业债券融资工作的通知》，将防范化解金融风险攻坚战考核指标纳入市州党政领导班子政绩考核指标体系。从全省情况看，金融风险发生的绝对额、比例较上年大幅度下降，全省金融秩序也较上年有所好转，金融风险基本可控，守住了不发生系统性、区域性金融风险的底线。

（二）提升金融服务实体经济质效

8月24日，湖北省政府出台《关于金融支持实体经济发展的意见》，为实

体经济"输血供氧"。截至 2018 年 7 月底，全省各项贷款余额 43824 亿元，比年初增加 4163 亿元，增幅 14.9%，小微企业贷款余额 9416 亿元，同比增长 16.8%，高于各项贷款平均增速 2.1 个百分点。全省共设立 9 家科技分支行和 19 家科技特色支行，各类科技金融中介服务机构 200 多家。40 余家保险公司的保险资金通过各种形式和渠道，在湖北省投资了百余个项目，金额已达 1138.34 亿元。2018 年上半年，湖北省银企对接活动共签订授信协议 2995 亿元，履约率超过 60%，全省融资担保行业为 6.7 万家企业提供担保服务，小微企业在保余额 422 亿元。

（三）着力推进企业上市和再融资

截至 2018 年 8 月 7 日，湖北省锐科激光、长飞光纤、天风证券、明德生物、贝斯特通信等 5 家企业成功过会，湖北省上市公司总数达到 102 家。2018 年上半年，全省企业资本市场直接融资总额达到 349.25 亿元，同比增长 45.49%。其中股权融资 134.81 亿元，同比增长 24.39%；债权融资 214.44 亿元，同比增长 62.86%。

（四）稳妥推进重点企业风险化解

凯迪等企业债务风险出现以来，分管省领导先后 6 次组织对凯迪生态债务风险问题进行紧急协调，积极支持凯迪生态先"瘦身"自救再进行战略重组，探索运用债委会工作机制化解风险。

四、防范化解湖北省民营企业风险的对策建议

（一）综合施策降成本，增强实体经济盈利能力

一是持续用力减税降费。全面对接和落实国家、省出台降成本有关政策，

力争降成本措施更准、力度更大、效果更优，打造一流要素环境。进一步深化放管服改革，继续在深化行政审批改革事项上拓展、层级上拓展、机构上拓展，切实推动降低制度性交易成本。围绕社保缴费、物流成本、工业电价、企业用地等重点领域开展降成本政策落实情况第三方评估和专项督查。二是支持制造业高质量发展。滚动实施"万企万亿"技改工程，加快推进企业技术升级和设备改造，降低企业生产经营成本。支持企业"抱团取暖"，形成产业联盟，信息互享互通，以集中采购等方式加大对上游产品采购产量，提高议价能力。培育制造业新兴支柱产业，建立省级专项资金支持企业进行智能车间、智能仓库改造升级，加快企业向智能制造转型。支持发展创业苗圃、孵化器、加速器等创业服务机构，做多做大做强各类民营市场主体。三是健全民营经济发展工作协调机制。充分发挥省促进民营经济发展领导小组政策统筹协调作用，防止降成本政策红利相互抵销，切实增强企业政策获得感。普遍建立完善党政领导干部和职能部门联系重点民营企业制度，各级领导干部和职能部门要对本地区本领域重点民营企业生产、经营、财务等情况做到心中有数，对于企业提出的困难和问题，及时协调服务、抓好落实。

（二）创新金融供给和服务，更好服务实体经济发展

一是优化金融产品。创新发展供应链金融模式，开展应收账款质押、融资租赁、联保联贷等业务，提高企业资金周转效率。加强政银企联动，建立银行优质企业优质客户"红名单"以及面临一时性困难经过救助即可恢复生产经营的"关注和帮扶名单"，形成示范效应，提高金融服务实体经济的能力和意愿。二是完善政府融资担保体系。增加政策性担保领域的财政投入力度，扩大政策性担保体系覆盖范围，增强中小企业信贷可得性。建立中小民营企业发展基金，完善基金领投、跟投及退出机制，充分发挥财政资金的杠杆作用和乘数效应，打通金融服务实体经济的有效通道。三是深入开展金融服务整治专项行动。着力解决对民营企业抽贷、压贷、断贷和高息过桥等突出问题，严格规范金融机构经营行为，严禁各种导致融资贵的不合理收费和贷款附加条件，让金

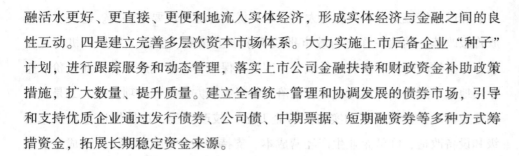

融活水更好、更直接、更便利地流入实体经济，形成实体经济与金融之间的良性互动。四是建立完善多层次资本市场体系。大力实施上市后备企业"种子"计划，进行跟踪服务和动态管理，落实上市公司金融扶持和财政资金补助政策措施，扩大数量、提升质量。建立全省统一管理和协调发展的债券市场，引导和支持优质企业通过发行债券、公司债、中期票据、短期融资券等多种方式筹措资金，拓展长期稳定资金来源。

（三）建立健全企业重大风险预警机制，防止债务违约问题风险外溢和连锁反应

一是加强风险隐患排查。对湖北省主板、创业板、新三板上市民营企业的金融风险逐一排查，积极采取大数据手段对企业运行风险进行监控预警，对可能出现影响较大的债务违约、资金链断裂危机及时报告、马上处理。二是完善企业内部风险防控。引导企业以现金流为核心，实施动态化管理，将企业管理任务精确到企业各个业务环节，提高民营企业管理效率，加强企业抗风险能力。强化企业产业链的风险管理措施，提升产业链防范化解风险的能力。鼓励中大型民营企业建立金融风险防控平台和长效机制，积极采取大数据手段对企业运行风险进行监控预警。三是加快企业诚信体系建设。建立征信云数据体系，鼓励企业将纳税款、资金流、贷款历史、贷款需求等信息纳入征信数据库，提高企业征信意识和水平。完善上市公司信息定期公开披露制度，主动接受投资者咨询和监督

（四）分类施策提振信心，推动市场化、法治化化解处置企业债务风险

一是引导企业加强债务约束和管理。强化企业风险自担意识，切实做到"举债适度，结构合理，风险可控，留有余地"，尤其在风险性运作时，要有切实的应急措施和方案，比如对银行抽贷、融资链条紧张等事件的应对，要有解决方案和适度的免疫力，整体要有合理的资产负债率，逐步使资产负债率回

归到合理水平。二是推动债务横向转换。对于一些因"多角债"而处于周转资金暂时困难、陷入困境的企业，可以将其有业务关系的上下游企业长期形成的债权债务采取横向转换的方式予以化解。在企业股份制改造过程中，将债权调整转化为企业之间的投资，使债权变股权，债主变为股东，死债变为长期投资，同时也使困难企业步出困境，逐步走上良性发展的道路。三是建立大型企业债务风险联合处置机制。一旦民营企业出现数量庞大的债务违约或破产事件，政府及有关部门要果断处置，通过组建债权人委员会等途径，发挥市场机制作用，引导企业"自救"，主动处置不良资产、让渡闲置资产、压缩日常支出、加大应收账款清收力度等，落实偿债资金，并做好企业债务违约善后工作。

（五）鼓励发展和加强监管并重，规范民营金控企业和金融机构发展

一是扶持发展民营金融机构，大力发展民营中小微企业券商。积极向国家争取民营金融从业资格证，大力发展区域性的小微券商或者以民营为主导的券商，提升配置金融资源的效率，帮助小微企业降低融资成本，推动本土经济发展。二是指导民营金控集团和金融机构完善企业治理和内控体系，建立符合发展战略的公司治理架构，建立健全股东大会、董事会、监事会制度，明晰职责和议事规则。强化资本约束，建立可持续的资本补充机制。加强内部风险管理，建立规范的流动性风险报告制度。严格控制关联授信余额，严禁违规关联交易。三是持续深入开展互联网金融风险专项整治，整治领域拓展到虚拟货币、ICO、校园贷、现金贷等，对摸底排查阶段确定的重点对象进行现场检查和处置，引导相关机构无风险推出，维护正常金融秩序。

第六篇
湖北省营商环境调研报告

为全面了解湖北省民营企业发展需求，准确评价湖北省营商环境，湖北省政府办公厅会同省工商联，通过全国工商联民营企业调查系统，对省内 800 家民营企业生产经营所需的要素、政务、法治、市场、社会及创新等外部环境进行抽样调查和问卷分析。现将有关情况报告如下：

一、湖北省民营经济发展面临的突出问题

（一）生产要素成本较高

一是人工成本较 2017 年上升。56.8% 的企业人工成本不同程度上升，46.5% 的企业存在劳动力短缺，19.1% 的企业因缺乏生活配套设施影响招工引才。二是物流成本较 2017 年上升。38.1% 的企业反映物流成本上升，13.3% 的企业反映湖北省高速路段存在违规收费现象，16% 的企业反映当地交通基础设施不够完善。三是用地成本较 2017 年上升。23.4% 的企业反映用地成本上升，18.1% 的企业反映土地供给不足，致使难以扩规扩产。四是输入性成本较 2017 年上升。湖北省是资源输入省，仅煤炭、钢铁两项价格上涨就增加企业成本近 1000 亿元，冲抵了湖北省降成本政策效果。

（二）融资难题依然突出

一是融资方式单一。民营企业以间接融资为主，其中选择银行融资的比例高达95.8%，选择政府基金、证券公司、中小企业发展基金、小贷公司等方式融资的分别达22.5%、21.9%、11.8%、10.6%；而天使投资、私募股权投资基金、区域性股权交易等直接融资方式仅分别占4.9%、3%、0.6%。二是申贷成功率低。大多数民营企业反映申报银行贷款较难获批，或审查时间长、程序复杂、手续费用高。34.9%的企业申贷成功率低于20%，52%的企业申贷成功率在60%以下，有超三成的企业至少需要申请五次以上才能成功，超一半企业需要两次以上才能成功。三是贷款期限短。民营企业反映最多的问题是"银行只给予一年内短期贷款"，占51.3%。四是利息负担重。民营企业的银行贷款利率一般为基准利率上浮20%～80%，集中反映"过桥日息负担沉重""贷款的中介机构、担保公司收费过高"的分别达30.6%、21.1%。

（三）政务服务供给不优

一是惠企政策宣传广度不够。在调查问卷政务环境涉及的12个方面中，企业对惠企政策的知晓度介于60%～90%。其中，对"税费减免""审批手续简化"两项政策的知晓程度较高，分别达90.1%、88.4%；而对"企业用能保障和优惠""促进民间投资""新型政商关系构建""企业双创扶持"等政策的知晓度分别达62.9%、63.6%、67.1%、69.9%。二是诚信政府建设力度不够。民营企业对政府失信行为反映主要集中在"项目扶持资金不到位、到位慢""政策不连续、新官不认旧账""政府部门相互推诿扯皮"等方面，分别占17.4%、13.3%、12.5%。面临政府失信行为，57.1%的企业表示不清楚投诉渠道，26.6%的企业表示无法通过某种渠道进行有效投诉。企业向政府部门投诉之后，仅34.4%的企业表示问题最终得到了妥善处置。三是新型政商关系深度不够。部分政府部门在打造亲清政商关系上落实不够，民营企业在与政府打交道过程中，对城管、环保、国土资源、人社、工商等部门不满意率均超过

5%，分别为7.6%、6.8%、6.3%、5.8%、5.3%。四是清单管理约束硬度不够。清单管理是深化"放管服"改革、规范政府权力运行的重要手段，但企业普遍反映湖北省清单管理约束不硬。14.6%的企业认为各类清单的内容和格式缺乏统一标准，15.8%的企业认为清单制度缺乏贯穿始终的审查和监督，11.1%的企业反映当前仍然存在态度消极、走形式、不认真执行清单的情况。五是企业依法维权难度不小。25.8%的企业认为企业维权成本较高，26.1%的企业认为企业维权达不到预期效果，16.3%的企业认为行政执法部门市场监管不严，19.8%的企业认为判决执行效率低或执行困难。

（四）创新驱动发展不足

民营企业普遍反映湖北省创新发展环境与国内外先进地区相比还有不小差距。一是创新投入不足。2017年湖北省规模以上私营工业企业中有研发活动的企业仅占19.96%，研发经费支出共98.33亿元，研发经费投入强度（即研发投入占主营业务收入的比重）仅为0.69%。而同期江苏省规模以上私营工业企业中有研发活动的企业占40.1%，研发经费支出645.64亿元，研发经费投入强度为0.99%。二是创新能力不足。民营企业创新人才和研发资金都比较匮乏，缺乏有效创新能力，35.6%的企业反映招才引智工作难，30.4%的企业反映研发成本高。三是创新机制不活。企业普遍反映，湖北省目前的创新管理体制还没有真正形成合力，各部门各条线的切块管理模式使得创新扶持资金太过分散、集中度不够，撬动社会资金的效应未能充分显现。特别是在科技金融扶持和产业引导政策方面，20.9%的企业认为缺乏科技金融，21.6%的企业认为产业缺乏创新引导政策。四是创新平台不够。与北京、上海、广东、江苏等省市相比，湖北省缺少基础性、前瞻性、引领性的创新大平台，制约企业共性技术研发和关键领域攻关。19.6%的企业认为创新平台建设不足和创新成果转化率较低。

二、持续优化湖北省民营经济营商环境的对策建议

全省上下认真贯彻落实省委、省政府决策部署，统一思想、凝心聚力，真正把打造一流营商环境作为一号工程来抓，对标国际一流、国内先进，全力优化营商环境，聚集更多要素资源，促进民营经济高质量发展。

（一）综合施策降成本，增强企业获得感，打造一流要素环境

降成本是个系统工程，需要运用行政、市场、法治等手段综合施策，打好组合拳，坚决防止"按下葫芦浮起瓢"，冲抵政策效果。一是多措并举降低人工成本。探索打造具有国际竞争力的人才引进制度，深入推进"我选湖北"计划、招才引智工程。健全人才服务体系，在配偶就业、子女入学、医疗、住房、社保等方面出实招，核心是要在人才住房政策上下功夫，探索人才住房先租后买、以租抵购制度，建立人才住房封闭流转机制等，培养和造就一批经营管理、技术创新、湖北工匠等人才队伍。加强校企合作，结合产业升级计划，为企业提供"订单式"人才培养，壮大新时代产业工人队伍。鼓励支持有条件的企业进行智能车间、智能仓库改造升级，推动企业"机器换人"。二是精准聚焦降低物流成本。加快完善现代物流体系，推动物流企业向园区集聚，发挥物流集群效应，提升物流园区设施互联互通水平，实现港站同场、接驳同场、关检同场和信息同场，大力发展转口经济。加快物流信息化建设，建立省级物流云，实现物流运输企业、物流平台企业和终端用户无缝对接，降低企业物流成本。三是规模集约降低用地成本。依托国家、省、市、县四级工业园区，沿着产业链条规划调整产业布局，大力发展生产性服务业，推动土地集约利用，促进园区能源、水、气循环利用，提高全要素生产率。四是抱团取暖降低输入性成本。支持企业"抱团取暖"，以集中采购等方式加大原材料采购量，提高议价能力。开展垄断行为强制服务专项整治，坚决制止和废除"霸

王条款"。

（二）改进金融服务，破解融资难题，打造一流金融环境

一是更大力度拓宽直接融资渠道。用好贫困县 IPO（首次公开募股）绿色通道优惠政策。储备一批上市"金种子"企业，加大对在主板、中小板、创业板等首发上市企业的扶持力度。切实发挥好区域性股权交易中心作用，开展股权融资、项目融资和信托产品等直接融资。二是做大做强做实政府性融资担保体系。抢抓国家融资担保基金设立机遇，以省再担保集团体制调整为契机，建立健全覆盖全省的政府性融资担保体系，充分发挥财政资金的杠杆作用和乘数效应，建立健全中小企业政策性担保制度。三是积极发挥科技金融的作用。打造多元化、多层次、多渠道的科技投融资体系，支持探索建立科技银行，发挥金融对科技型中小企业科技成果转化的促进作用，有重点地培育金融科技领域的独角兽。四是压实金融机构服务实体经济责任。完善金融机构考核办法，引导金融机构调整信贷结构，创新服务模式，加快产品创新，完善金融服务，更大力度增加实体经济有效金融供给。

（三）整合惠企政策，狠抓落实兑现，打造一流政策环境

加强涉企优惠政策一体化整合、一窗式兑现、一站式宣传，提升企业的获得感和满意度。一是政策整合一体化。系统梳理各级党委、政府出台的涉企优惠政策，以及各个职能部门出台的配套实施细则，编制统一电子文档公开发布。二是政策兑现一窗式。借鉴浙江省企业投资项目"最多跑一次"改革模式，落实"一窗受理"机制，各地均要设立政策兑现窗口，实现一窗式集成兑现。三是政策宣传一站式。各地要建立统一的微信公众号，对涉企优惠政策进行集中式推送、菜单式管理、及时化更新。利用楚天云系统，统一企业数据库，打通各部门的接口，对符合条件的企业自动发送提醒信息，主动告知、主动执行。

（四）优化政府服务供给，构建亲清政商关系，打造一流政务环境

一是提高"放管服"改革含金量。大力推进"互联网＋政务服务"，将"放管服"改革引向纵深。加快推进全省统一的网上"中介超市"建设步伐，推行中介服务网上公开、透明运行、成果互认，破除垄断经营。培养熟悉企业投资项目审批业务全流程的"全科"式人才队伍，真正实现"一窗受理"目标。要依托行政服务中心平台，组建"通才型"的审批代办员队伍，为企业投资项目审批提供精准快速专业的代办服务。二是加快诚信政府建设。全面推行依法行政，建立政府守信践诺制度，健全政府失信行为投诉处理机制，坚决破除新官不理旧事的弊端，最大限度维护政府信誉和市场主体合法权益。三是依法保护企业产权。严格执行"双随机一公开"监管，加强行政执法监督，建立行政执法全过程全环节可追溯机制，规范行政自由裁量权、企业检查行为和处罚制度，防止滥用行政权力干涉企业正常经营的行为。提高涉企诉讼执行效率，切实解决执行难问题。四是加快构建新型政商关系。普遍建立领导干部直接联系重点民营企业和商会制度，推行直通车服务民营企业制度，促进政商正常交往和良性互动。推行项目秘书服务民营企业制度，鼓励支持各级干部真诚听取企业呼声，真实解决企业难题，真心做企业家朋友。

（五）鼓励创新创业，大力发展新民营经济，打造一流创新环境

一是进一步完善科技创新体系。全面落实"科技成果转化十条""科技人员服务企业新九条""激励企业研发活动十一条"，完善以企业为主体，以市场为导向，创新链、产业链、资金链、政策链、人才链深度融合的技术创新体系，把人、财、物更多地向企业科技创新一线倾斜。二是积极培育创新创业型中小微企业。学习借鉴深圳等地对自主创业企业在场租、社保、就业方面给予补贴的政策，实施技术改造倍增计划和技术改造投资资助"零门槛"申报。三是支持企业推进重大科技成果产业化。鼓励和支持企业自主进行研发创新，健全政府对新技术新成果首件首批进行补贴的机制，支持企业先行试产试用和

推广。四是营造公平竞争的市场环境。依法打击假冒伪劣产品、破坏企业生产经营等违法犯罪行为，提高知识产权侵权行为违法成本；加强知识产权类民事、刑事和行政案件的审理，积极探索建立知识产权侵权惩罚性赔偿制度。

（六）发挥工商联职能作用，建立健全日常工作推进机制，打造一流的服务环境

一是建立全省统一的民营经济营商环境评价机制。对接国家营商环境评价指数及国际通行标准，建立完善全省营商环境考核体系。充分发挥工商联联系民营企业家的纽带桥梁作用，依托工商联民营企业在线调研平台，定期组织民营企业开展营商环境评价，适时发布湖北民营经济营商环境指数，形成你追我赶、比学赶超的良好发展氛围，为构建高质量营商环境提供湖北样本。二是加快推进省市县三级非公有制企业投诉服务中心建设。建立完善各级工商联与同级司法机关、政府相关部门的对口协作机制，建立健全全省统一规则、统一流程、统一管理的投诉举报监督机制，保障诉求渠道畅通、处理机制有效。三是深入开展营商环境专项整治行动。对重点地区、重点部门和窗口单位开展专项督查、集中整治，及时曝光查处一批损害营商环境的典型案例，宣传推广一批好经验好做法，常态化推动民营经济营商环境持续改进提升。